A LIBERDADE
É UMA LUTA
CONSTANTE

Angela Davis

A LIBERDADE É UMA LUTA CONSTANTE

Organização: Frank Barat

Tradução: Heci Regina Candiani

Direção editorial	Ivana Jinkings
Edição	Bibiana Leme
Assistência editorial	Thaisa Burani
Tradução	Heci Regina Candiani
Preparação	Mariana Tavares
Revisão	Thais Rimkus
Coordenação de produção	Livia Campos
Capa, abertura e imagens internas	Ronaldo Alves
Diagramação	Crayon Editorial

Equipe de apoio: Allan Jones / Ana Carolina Meira / Ana Yumi Kajiki / André Albert / Artur Renzo /
Camilla Rillo / Eduardo Marques / Elaine Ramos / Frederico Indiani / Heleni Andrade / Isabella Barboza /
Isabella Marcatti / Ivam Oliveira / Kim Doria / Marlene Baptista / Maurício Barbosa / Renato Soares /
Thaís Barros / Tulio Candiotto

CIP-BRASIL. CATALOGAÇÃO NA PUBLICAÇÃO
SINDICATO NACIONAL DOS EDITORES DE LIVROS, RJ

D292L

Davis, Angela, 1944-
   A liberdade é uma luta constante / Angela Davis ; organização Frank Barat ;
tradução Heci Regina Candiani. - 1. ed. - São Paulo : Boitempo, 2018.

   Tradução de: Freedom Is a Constant Struggle: Ferguson, Palestine, and the
Foundations of a Movement
   Inclui índice
   ISBN 978-85-7559-612-8

   1. Sociologia. I. Barat, Frank. II. Candiani, Heci Regina. III. Título.

18-47467   CDD: 305
                                                                CDU: 316.7

1ª edição: fevereiro de 2018; 1ª reimpressão: janeiro de 2019;
2ª reimpressão: setembro de 2019; 3ª reimpressão: setembro de 2020;
4ª reimpressão: maio de 2021; 5ª reimpressão: agosto de 2023

BOITEMPO
Jinkings Editores Associados Ltda.
Rua Pereira Leite, 373
05442-000 São Paulo SP
Tel.: (11) 3875-7250 / 3875-7285
editor@boitempoeditorial.com.br
boitempoeditorial.com.br | blogdaboitempo.com.br
facebook.com/boitempo | twitter.com/editoraboitempo
youtube.com/tvboitempo | instagram.com/boitempo

SUMÁRIO

PREFÁCIO À EDIÇÃO BRASILEIRA

Angela Figueiredo[1]

A escolha de quais livros e artigos serão traduzidos e publicados no Brasil por parte de nossas editoras reflete um conjunto de interesses muito mais amplo do que uma curadoria pessoal pode sugerir. Revela, antes, afinidades teóricas, hierarquias linguísticas, raciais e de gênero da comunidade acadêmica e também de nossa sociedade em geral.

Hoje, no Brasil, é sabido que os textos publicados em inglês são mais traduzidos do que aqueles oriundos de qualquer outra língua, assim como são traduzidos mais textos de autores brancos e, entre esses, mais textos de homens do que de mulheres. O ato da tradução reflete, assim, as estruturas hierárquicas existentes na colonialidade do poder e do saber, presentes na geopolítica do conhecimento dentro e fora do território nacional. Como reivindico em "Somente um ponto de vista"[2], ainda que o conceito de geopolítica do conhecimento tenha sido originalmente utilizado para falar da relação entre o centro e a periferia do sistema-mundo na produção do conhecimento, emprego-o também para entender a política de tradução, pois sabemos que esse recurso é uma das maneiras mais eficazes de a periferia acessar as ideias e os debates produzidos no centro. No Brasil, até pouco tempo atrás, quem tem o poder para escolher o que será publicado não havia manifestado interesse em traduzir a contribuição intelectual, ativista e política de Angela Davis. Em 2016, contudo, com a publicação de *Mulheres, raça e classe*, a Boitempo quebrou décadas de silenciamento, e a resposta do público foi imediata: o livro é um

---

[1] Professora associada da Universidade Federal do Recôncavo da Bahia (UFRB) e professora do Programa de Pós-Graduação nos Estudos Étnicos e Africanos (Posafro) e do Programa de Pós-Graduação em Estudos Interdisciplinares em Mulheres, Gênero e Feminismo (PPGNEIM) da Universidade Federal da Bahia (UFBA). Coordenadora do grupo de pesquisa ativista Coletivo Angela Davis.

[2] Em *Cadernos Pagu*, n. 51, 2017. Disponível em: <http://www.scielo.br/scielo.php?script=sci_arttext&pid=S0104-83332017000300509&lng=en&nrm=iso&tlng=pt>; acesso em 5 jan. 2018.

dos mais vendidos pela editora. Em 2017, foi publicado *Mulheres, cultura e política* e, agora, o lançamento deste *A liberdade é uma luta constante* – publicado originalmente em 2016 e resultante de um conjunto de entrevistas e discursos realizados em diferentes países entre os anos de 2013 a 2015 – dá continuidade a esse projeto.

Angela Davis veio pela primeira vez ao Brasil em 1997, para participar da Jornada Cultural Lélia Gonzalez, no Maranhão. Em 2008, ela esteve na Bahia para participar da 9ª edição do Curso Internacional Fábrica de Ideias, voltado principalmente para estudantes negros da pós-graduação que trabalhavam com a questão das desigualdades e hierarquias raciais e suas intersecções. E é evidente que uma ativista e intelectual do calibre de Davis não veio à Bahia, estado com a maior população negra fora da África, somente para um curso. Ela queria conhecer a cultura e a atuação política negras. Naquele mesmo ano, ocorreu no Ilê Axé Opô Afonjá um inesquecível e histórico encontro entre duas grandes lideranças feministas negras: Angela Davis e Mãe Stella de Oxóssi, ialorixá do terreiro e uma das lideranças do movimento pela dessincretização dos candomblés. O evento também contou com a participação de várias outras lideranças feministas negras.

Na última visita da pensadora à Bahia, ocorrida em julho de 2017 para participar da primeira edição da escola de pensamento feminista negro e decolonial, foi surpreendente a significativa repercussão e mobilização nacional, principalmente advinda da juventude negra. Considero que tal mobilização reflete o quadro político atual, caracterizado pelos inúmeros processos de corrupção envolvendo toda a superestrutura política, pelo *impeachment* da ex-presidenta Dilma Rousseff e pela perda de direitos sociais e políticos que marcou o último ano no Brasil. É, portanto, de uma importância inegável termos alguém como Angela Davis para dar força e inspiração política à nossa juventude, seja como intelectual, seja como feminista negra e ativista, seja pelo modo como, em suas palestras, a autora demonstra uma "solidariedade corajosa" e mantém "as chamas da esperança acesas por todos os cantos do mundo na era fria e enregelante da hegemonia neoliberal"[3].

A mobilização em torno dessa última visita da ativista também reflete a ampliação do número de universidades públicas federais durante os governos do Partido dos Trabalhadores (PT), bem como a adoção da política de reservas de

---

[3]   Ver, neste volume, o Prefácio de Cornel West, p. 14.

vagas (as chamadas "cotas") para estudantes negros e indígenas, membros de comunidades tradicionais e oriundos de camadas populares. A política de cotas mudou consideravelmente a composição demográfica das universidades brasileiras, o que tem impactado positivamente no processo de produção do conhecimento, pois, à medida que a universidade se torna mais inclusiva, as questões de pesquisa também se aproximam do universo desses estudantes. Dessa nova perspectiva, é preciso conhecer para intervir e transformar as históricas desigualdades. E, na constante busca dos estudantes pela contribuição teórica e política de outras pensadoras e pensadores, desloca-se o eurocentrismo de nossas referências bibliográficas.

A imagem de Angela Davis circula em quase todo o mundo estampada em folders, camisetas, sites e blogs como símbolo de liberdade, e é desse lugar de liberdade que a sua presença foi recebida no Brasil em 2017, especialmente em 25 de Julho, dia em que se celebra a mulher afro-latina e caribenha. Em seu cássico *Black Feminist Thought*, ainda sem tradução no Brasil, Patricia Hill Collins utiliza o conceito de controle da imagem para falar de representações e de autorrepresentação[4]. Em um mundo onde a representação das mulheres negras ainda está associada à subalternização, à subserviência e à hipersexualização, a imagem de Angela Davis é poderosa, pois se opõe a tudo isso e nos estimula a prosseguir em busca de uma autodeterminação e de um empoderamento feminino negro.

Angela Davis disse que, "quando as mulheres negras se movem, toda a estrutura política e social se movimenta na sociedade" exatamente porque, estando na base, o movimento das mulheres negras desestrutura e desestabiliza as rígidas e consolidadas relações desiguais de poder no sistema capitalista. Além de sua reconhecida atuação política no combate ao racismo, Davis denuncia também o sexismo, demonstrando de forma muito objetiva a relação entre a violência contra a mulher e a violência do Estado. Ainda de acordo com a autora, não há possibilidade de se combater a violência sem desmontar as estruturas do sistema capitalista. Isso porque sua enorme capacidade de reflexão crítica sobre o passado e suas articulações com o presente fundamentam a denúncia que faz da relação de continuidade entre o passado escravista e o atual complexo industrial-prisional.

---

[4]   Patricia Hill Collins, *Black Feminist Thought* (Londres, Routledge, 2000).

O ativismo de Davis, portanto, orienta-se totalmente em favor da extinção desse sistema, visto que se trata de empresas cujos "lucros obscenos obtidos por meio do encarceramento em massa estão ligados aos lucros da indústria de assistência à saúde, da educação e de outros serviços de assistência social transformados em mercadoria que, na verdade, deveriam estar disponíveis gratuitamente para todas as pessoas"[5].

Na obra de Davis, muitos aspectos da condição feminina negra ontem e hoje aparecem como dados fundamentais para pensarmos nossa realidade de um ponto de vista feminista negro. Aspectos relativos à experiência de mulheres negras durante a escravidão, por exemplo – como quando a autora descreve uma cena comum no período, em que uma mulher negra escravizada e recém-parida é chicoteada, e o sangue escorre de seu corpo junto com o leite de seu peito –, confrontam uma narrativa que invisibiliza a experiência da mulher negra e questiona o verdadeiro significado da maternidade, como uma condição feminina para mulheres racialmente identificadas. A correlação entre as categorias de opressão de gênero, raça e classe antecipa, portanto, o debate sobre a interseccionalidade, conceito fundamental para pensar nossa experiência hoje.

Como nos lembrou Luiza Bairros, uma das grandes contribuições do feminismo negro é demonstrar de que forma o conhecimento é produzido por mulheres na vida cotidiana, dentro e fora da academia[6]. Em sua trajetória, Angela Davis expressa uma das grandes características do feminismo negro, a saber, a relação entre a reflexão intelectual e a militância política. Durante muito tempo, esse modo de produção intelectual engajada foi rejeitado pela academia tradicional, branca e eurocêntrica, pois recusava o princípio da "neutralidade axiológica".

Historicamente, no Brasil, a grande maioria das pesquisas produzidas no campo das "relações raciais" foi realizada por pesquisadores homens e brancos, que tomavam a população negra como objeto de estudo, configurando-se naquilo que Guerreiro Ramos definiu como "o problema negro". Sem esquecer a contribuição de importantes intelectuais negros como Edson Carneiro, Guerreiro Ramos, Abdias do Nascimento, Lélia Gonzales e Beatriz Nascimento, há

5　Ver, neste volume, a página 23.

6　Ver, da autora, "Nossos feminismos revisitados", *Estudos Feministas*, Florianópolis, ano 3, n. 2, 1995, p. 458-63.

de se notar que é somente a partir dos anos 1990 que veríamos emergir uma geração, no sentido de um número mais expressivo de professores e pesquisadores negros no Brasil, de fato inserida nas universidades públicas – muitas das quais criadas durante as recentes administrações petistas. Como demonstro em meu artigo "Para além dos números: uma reflexão sobre os professores/as e alunos/as negros/as na pós-graduação"[7], essa configuração contribuiu sobremaneira tanto para a produção de dados quanto para a atuação política dos intelectuais e ativistas negros, culminando na adoção da política de cotas nas universidades. Assim, podemos afirmar que a política de cotas alterou não apenas a composição demográfica da universidade, como também impactou positivamente a produção do conhecimento.

Hoje estamos esperançosas com nossa capacidade de mobilização, e nossa força foi demonstrada na marcha de mulheres negras em Brasília, ocorrida em novembro de 2015, que contou com a presença de cerca de 50 mil mulheres. Mas, ainda que tenhamos consciência de que o momento político é absolutamente perigoso em termos de perdas de direitos sociais e trabalhistas e de retrocessos com relação aos direitos humanos, sabemos que é necessário reagir, pois precisamos acreditar que é possível mudar a realidade.

Como muitas pessoas no mundo, somos inspiradas pela história de luta e resistência de Angela Davis. No meu caso especialmente, o encontro com ela e com a perspectiva teórica do feminismo negro foi um divisor de águas para a minha atuação política e acadêmica. Muitas pessoas tem me perguntado se eu fui orientanda de Angela Davis e tenho respondido que do ponto de vista formal, acadêmico, não, mas tenho sido orientada e influenciada pela atuação intelectual e política, pela sensibilidade e pela solidariedade de Angela Davis.

Salvador, janeiro de 2018

---

[7] Incluído em Amélia Artes et al., *Ações afirmativas no Brasil: reflexões e desafios para a pós-graduação*, v. 2 (São Paulo, Cortez/Fundação Carlos Chagas, 2016), p. 213-36.

PREFÁCIO

Cornel West[1]

Angela Davis é uma das raras intelectuais de grande influência que defendem a liberdade em todo o mundo. Dos movimentos revolucionários de massa dos anos 1960 à insurgente mobilização social do presente, Angela Davis tem se mantido inabalável em sua preocupação com as pessoas desafortunadas da Terra. Contrastando totalmente com a maior parte da esquerda acadêmica, sua análise estrutural e sua práxis corajosa foram conquistadas a um enorme custo para sua vida e seu bem-estar. Quando era professora-assistente iniciante de filosofia, foi demonizada pelo governador Ronald Reagan, na Califórnia. O conselho de regentes da Universidade da Califórnia retirou-lhe o cargo acadêmico por causa de sua afiliação ao Partido Comunista. Ela foi colocada no topo da lista de pessoas mais procuradas pelo FBI, como fugitiva das forças policiais do império estadunidense, e encarcerada após sua captura. Sua elegância e sua dignidade durante um histórico julgamento eletrizaram o mundo. E sua determinação de se manter fiel à vocação revolucionária – diante da intensa atenção internacional – tem sido inspiradora.

Após a execução e o encarceramento sistemáticos de combatentes da comunidade negra por parte do Estado e a incorporação de pessoas negras nos quadros governamentais, Angela Davis ainda se mantém firme em seu poder intelectual e em seu ardor moral. Durante trinta longos anos de governo neoliberal, ela permaneceu uma entusiasta da liberdade da população pobre e trabalhadora. Seus estudos acadêmicos sobre mulheres, classe trabalhadora e minorias étnicas ajudaram a manter vivas, durante os anos Reagan e Bush,

---

[1]   Um dos mais polêmicos e conhecidos intelectuais dos Estados Unidos, Cornel West tem sido um paladino da justiça racial desde a infância. Seus textos, suas palestras e suas aulas entrelaçam as tradições da Igreja batista negra, da política progressista e do jazz. O jornal estadunidense *The New York Times* elogiou sua "visão moral ferrenha". Entre seus muitos livros, estão *Race Matters* [Raça importa], *Democracy Matters* [Democracia importa] e a autobiografia *Brother West: Living and Loving Out Loud* [Irmão West: vivendo e amando em voz alta].

uma visão, uma análise e uma práxis radicais. Seu trabalho político e intelectual pioneiro sobre o rápido crescimento do sistema prisional colaborou para definir as bases da era Ferguson. E suas palestras ubíquas, suas aulas admiráveis e sua solidariedade corajosa em todo canto do mundo mantêm as chamas da esperança acesas nos dias frios e arrepiantes da hegemonia neoliberal. Ela permanece – depois de mais de cinquenta anos de luta, sofrimento e dedicação – a face mais reconhecida da esquerda no império dos Estados Unidos.

Nestes últimos textos de seu *corpus* magistral, Angela Davis apresenta suas brilhantes análises e seu resiliente testemunho sobre os Estados Unidos e o cenário externo. De modo direto e conciso, ela personifica e representa a "interseccionalidade" – uma resposta estrutural política e intelectual à dinâmica de violência, supremacia branca, patriarcado, poder do Estado, mercados capitalistas e políticas imperiais.

Em 3 de dezembro de 2014, tive a sorte de estar ao lado de minha querida irmã e camarada Angela Davis no debate da Oxford Union em honra ao quinquagésimo aniversário do discurso do grande Malcolm X na instituição. Foi um evento grandioso – com Angela trazendo de volta, de forma magnífica, o espírito de Malcolm. Esse mesmo espírito permeia este livro e nos convida a participar de sua longa trajetória de alegrias em sua dedicação ao povo!

INTRODUÇÃO

Frank Barat[1]

Escrevo este texto sentado em meu pequeno escritório em Bruxelas. O mês de junho está quase no fim, e o verão acaba de chegar.

Trabalho em um edifício que abriga várias organizações e instituições beneficentes que atuam em prol da justiça global. Algumas têm como foco o Saara ocidental; outras, a Palestina; outras, a tortura, a América Latina ou a África. É um ambiente agradável em que se trabalhar, cercado de pessoas que acreditam em uma sociedade melhor e mais justa, que decidiram transformar suas crenças em ação e dedicar a vida a tentar mudar o mundo. Soa utópico, talvez. Mas a palavra relevante aqui provavelmente não é aquela em que você está pensando. É *tentar*. Tentar e tentar mais uma vez. Nunca desistir. Isso é uma vitória em si. Tudo e todos nos dizem que "lá fora" você não terá êxito, que é tarde demais, que vivemos em uma época em que uma revolução não pode mais acontecer. Mudanças radicais são coisas do passado. Você pode ser um *outsider*, mas não pode estar fora do sistema, e você pode ter crenças políticas, até mesmo radicais, mas elas precisam ficar nos limites do que é permitido, dentro daquela bolha delineada pelas elites.

Meu escritório está localizado a poucos metros da sede da Comissão Europeia, um edifício imponente cinza e de vidro pelo qual passo de bicicleta todas as manhãs. Um lugar agora flanqueado por equipes militares e empresas de segurança privada. Sempre me pergunto que função exercem: proteger as pessoas, os seres humanos que estão lá dentro, ou proteger o local em si, o conceito, a ideologia nele materializados?

---

1   Frank Barat é ativista de direitos humanos e escritor. Foi coordenador do Tribunal Russell sobre a Palestina e atualmente é presidente da Palestine Legal Action Network [Rede de Ação Jurídica pela Palestina]. Entre seus livros estão *Gaza in Crisis* [Gaza em crise], *Corporate Complicity in Israel's Occupation* [Cumplicidade corporativa na ocupação israelense] e *On Palestine* [Sobre a Palestina].

Nesta manhã, quando observei a Grécia em meio aos protestos antiausteridade, vi a controvertida "Europa". Pessoas nas ruas, de todos os estilos, de várias gerações, cantando, erguendo bandeiras, revoltando-se. Vi pessoas se organizando. Vi assembleias locais, clínicas médicas operadas por voluntários. Vi a Acrópole, o Exárchia, a praça Syntagma. Vi oliveiras. Vi o sol. Vi *démokratía*. O governo, o poder, do povo. O mesmo conceito que perdeu grande parte de seu significado no mundo hoje. Trata-se de uma ideia que, para os "chefões" da Europa (Alemanha, França, Itália, o Banco Central Europeu e a própria Comissão Europeia), só é válida e celebrada quando não diverge de suas visões e seus planos para o mundo. Nos últimos meses, desde as inovadoras e transformadoras eleições na Grécia, pela primeira vez na Europa um partido de esquerda e antiausteridade, o Syriza, chegou ao poder, e aqueles chefões estão tentando assegurar que ele desmorone e desapareça. O partido e, mais importante ainda, a mensagem, a ideia que o partido representa, estão sob ameaça. A noção de que outra forma de organizar coletivamente nossa vida é possível, de que as pessoas podem ser governadas umas pelas outras, as dos 99%, e não por tecnocratas, bancos e corporações. Enquanto escrevo este texto, a esperança que encontra expressão nas ruas e nas casas de toda a Grécia constitui um movimento. Um movimento em meio a uma enorme perda de riqueza material para a população grega comum. Mas há ali uma mensagem para todas as pessoas: o povo pode se unir, a democracia vinda de baixo pode desafiar a oligarquia, imigrantes que estão em prisões podem ganhar a liberdade, o fascismo pode ser superado e a igualdade é emancipadora.

Aqueles indivíduos que detêm o poder nos enviaram uma mensagem: obedeçam e, se vocês buscarem a libertação coletiva, a punição será coletiva. No caso da Europa, é pela violência da austeridade e das fronteiras que a vida de imigrantes é negada, que se permite que afoguem em águas internacionais. No caso dos Estados Unidos, a vida das populações negra e indígena é sistematicamente sufocada por uma contínua supremacia branca que prospera por meio da opressão e do colonialismo de ocupação e que tem o suporte de drones, da expropriação do território e da identidade de milhões de pessoas, do encarceramento em massa, da redução numérica da população e da apreensão de recursos a fim de negar que as vidas indígenas importam e que nosso planeta importa. Ao redor e perto de nós, dizem para não nos importarmos. Para não agirmos coletivamente, para não entrarmos em confronto.

ANGELA

O que podemos fazer? Como? Com quem? Que táticas devem ser usadas? Como definir uma estratégia que seja acessível a todas as pessoas, incluindo um público amplo cujos níveis de despolitização são capazes de fazer atrocidades parecerem aceitáveis? Qual é nossa visão? Como assegurar que "nós" estamos falando a "todas as pessoas"? Como catalisar e estabelecer conexões entre movimentos sustentáveis, transfronteiriços e radicais? Esses são os tipos de perguntas que um grande número de ativistas se faz diariamente, perguntas que estão ancoradas no presente e que darão forma a nosso futuro.

É fácil perdermos o ânimo e simplesmente desistirmos. Não há vergonha nisso. Afinal, nós nos dedicamos a uma luta que, quando observada a partir de um referencial político convencional e pelo prisma dos meios de comunicação de massa, parece invencível. Por outro lado, se dermos um passo para trás, olharmos os fatos a partir de um ângulo mais amplo, refletindo sobre o que está acontecendo em todo o mundo e sobre a história de luta, a história dos movimentos de solidariedade, fica mais nítido, às vezes até óbvio, que, graças à vontade, aos sacrifícios e às ações do povo, forças aparentemente indestrutíveis podem ser facilmente destroçadas.

Quando cogitei produzir um livro com Angela Davis, meu principal objetivo era falar sobre nossa luta como ativistas. Tentar defini-la em termos reais e concretos. Tentar compreender seu significado para as pessoas nela engajadas. Onde e como começa? Tem um fim? Quais são as bases essenciais para a construção de um movimento? O que a luta significa física, filosófica e psicologicamente?

Eu considerava crucial discutir essa luta com Angela, porque ela é, para mim e para muitas pessoas, uma fonte de conhecimento e inspiração. Precisamos aprender com suas experiências e utilizar as lições que nos proporcionam, qualquer que seja o combate travado. Angela nunca parou; ela ainda vive diariamente essa luta. Ela é uma personificação da resistência, e vejo seu trabalho e sua presença contínuos refletidos em e inspirando muitos dos atuais movimentos de libertação coletiva. Esse reflexo está na compreensão de que a prisão é parte de um complexo industrial enraizado na escravidão e no capitalismo e está na popularização do movimento de abolicionismo prisional. Esse reflexo está em seu apoio às lutas anticoloniais mundo afora, incluindo a Palestina, onde um grande número de ativistas, inclusive eu, tem ido às ruas para fazer parte de mobilizações de solidariedade.

A proposta do livro era, como a de obras anteriores que publiquei com Noam Chomsky e Ilan Pappé, estabelecer um diálogo espontâneo e deixar espaço para alguns ensaios mais aprofundados de Angela que preencheriam lacunas ou estenderiam nossas conversas.

Uma grande preocupação de nossas entrevistas – sendo que a de Bruxelas foi realizada logo após a erupção em Ferguson e a de Paris, assim que um júri liberou o policial que matou Michael Brown – foi a Palestina e como construir um movimento verdadeiramente global e social em torno daquela que é hoje uma das questões mais urgentes a se resolver – uma questão que deveria definir onde nos situamos como movimento e como pessoas. Concentramos a conversa em torno de como criar elos com outras lutas sociais. Como explicar às pessoas de Ferguson que o que está acontecendo na Palestina também é sobre elas, e vice-versa. Como tornar a luta de fato globalizada, uma luta na qual todas as pessoas do planeta tenham um papel a desempenhar e entendam essa função. Como responder coletivamente à militarização de nossas sociedades? Que tarefa cabe ao feminismo negro nesse processo? O que significa, em termos concretos, atuar como abolicionista prisional hoje?

As entrevistas abordam esses e outros pontos. Alguns deles são, então, aprofundados nos potentes e extensos ensaios de Angela, que fala sobre as lutas por justiça, principalmente em Ferguson e Charleston, e sobre como elas contribuem muito para mostrar que a luta por igualdade e liberdade está longe de terminar.

Os dois últimos textos deste livro constituem reflexões de Angela sobre a luta política dos anos 1960 até a era Obama e a solidariedade transnacional. São duas contribuições inovadoras que devem dar às pessoas ferramentas e argumentos para abraçar a luta e motivar mais gente a agir e se juntar a nós.

"Angela é um milagre", disse-me certa vez a escritora, poeta e ativista estadunidense Alice Walker. Angela é única, mas não é excepcional, porque seu exemplo e sua obra ajudaram a erguer novas vozes, na academia e no ativismo, que abraçam suas ideias e as expandem. Creio que, quando Alice definiu Angela como um milagre, ela quis dizer que Angela é a prova de que é possível sobreviver, resistir e superar a força máxima do poder corporativo e o Estado focado na destruição de alguém importante porque esse alguém inspira a solidariedade coletiva. Ela é a prova de que o poder do povo funciona, de que há alternativa possível e de que a luta pode ser bela e estimulante. Algo que nós, como seres humanos, precisamos vivenciar.

E está nas mãos de todas as pessoas tomar parte na luta.

Bruxelas, junho de 2015

AS LUTAS PROGRESSISTAS CONTRA O INSIDIOSO INDIVIDUALISMO CAPITALISTA

Entrevista realizada por Frank Barat (conduzida
por e-mail ao longo de vários meses de 2014)

Você fala com frequência sobre o poder do coletivo e enfatiza a importância do movimento, em vez de falar sobre indivíduos. Como podemos construir tal movimento, baseado nessa ética, em uma sociedade que promove o egoísmo e o individualismo?
Desde a ascensão do capitalismo global e das ideologias associadas ao neoliberalismo, tornou-se particularmente importante identificar os perigos do individualismo. As lutas progressistas – centradas no racismo, na repressão, na pobreza ou em outras questões – estão fadadas ao fracasso se não tentarem desenvolver uma consciência sobre a insidiosa promoção do individualismo capitalista. Mesmo que Nelson Mandela tenha sempre insistido que suas realizações foram coletivas, conquistadas também por homens e mulheres que o acompanhavam, a mídia tentou alçá-lo a herói. Um processo similar tentou dissociar Martin Luther King Jr. do imenso número de mulheres e homens que constituíram o verdadeiro cerne do movimento pela liberdade nos Estados Unidos em meados do século XX. É fundamental resistir à representação da história como o trabalho de indivíduos heroicos, de maneira que as pessoas reconheçam hoje sua potencial agência como parte de uma comunidade de luta sempre em expansão.

O que resta hoje do movimento Black Power?
Penso no movimento Black Power – ou, como nos referíamos na época, no movimento de libertação negra – como um momento particular no desenvolvimento da busca pela liberdade negra. Era, de muitas maneiras, uma resposta àquilo que se percebia como uma série de limitações do movimento pelos direitos civis: nós precisávamos não só reivindicar direitos legais no interior da

sociedade vigente, mas também exigir direitos concretos – emprego, moradia, saúde, educação etc. – e desafiar a própria estrutura da sociedade. Tais reivindicações – inclusive contra o aprisionamento racista, a violência policial e a exploração capitalista – foram resumidas no Programa dos Dez Pontos do Partido Panteras Negras (BPP, na sigla em inglês).

Embora, individualmente, pessoas negras tenham ingressado nas hierarquias econômica, social e política (sendo o exemplo mais dramático a eleição de Barack Obama, em 2008), a esmagadora maioria da população negra está sujeita ao racismo econômico, educacional e carcerário em uma proporção muito maior do que no período anterior à era dos direitos civis. Sob muitos aspectos, as demandas do Programa dos Dez Pontos do BPP são tão relevantes – ou talvez até mais relevantes – hoje quanto durante os anos 1960, quando foram formuladas.

A eleição de Barack Obama foi comemorada por muitas pessoas como uma vitória contra o racismo. Você acredita que isso foi um engodo, que, na verdade, ela paralisou a esquerda por um longo período, incluindo a população afro-americana envolvida na luta por um mundo mais justo?

Muitas das suposições a respeito do significado da eleição de Obama estão completamente equivocadas, em especial aquelas que retratam um homem negro na presidência dos Estados Unidos como o símbolo da queda da última barreira racista. Mas acredito, de fato, que a eleição em si foi importante, particularmente porque, no início, a maioria – inclusive entre a população negra – não acreditava que seria possível eleger uma pessoa negra para a presidência. A juventude efetivamente criou um movimento – é preciso qualificá-lo dizendo que foi um movimento virtual – capaz de alcançar algo que se supunha impossível.

O problema foi que as pessoas que se associaram a tal movimento não continuaram a exercer aquele poder coletivo de pressão que poderia ter compelido Obama a tomar rumos mais progressistas (por exemplo, contra o aumento no número de tropas no Afeganistão, no sentido da rápida desativação [do campo de detenção da baía] de Guantánamo, indicando a criação de uma política mais sólida na área da saúde). Mesmo que tenhamos críticas a Obama, é importante enfatizar que não estaríamos em uma situação melhor com Romney na Casa Branca. O que nos fez falta nos últimos cinco anos não foi o presidente correto, e sim movimentos de massa bem organizados.

Como você definiria "feminismo negro"? E qual papel ele poderia representar na sociedade atual?

O feminismo negro emergiu como um esforço teórico e prático de demonstrar que raça, gênero e classe são inseparáveis nos contextos sociais em que vivemos. Na época de seu surgimento, com frequência pedia-se às mulheres negras que escolhessem o que era mais importante, o movimento negro ou o movimento de mulheres. A resposta era que a questão estava errada. O mais adequado seria como compreender as intersecções e as interconexões entre os dois movimentos. Ainda estamos diante do desafio de apreender as formas complexas como raça, classe, gênero, sexualidade, nacionalidade e capacidades se entrelaçam – e como superamos essas categorias para entender as inter-relações entre ideias e processos que parecem ser isolados e dissociados. Nesse sentido, insistir que há ligações entre as lutas e o racismo nos Estados Unidos e as lutas contra a repressão israelense ao povo palestino é um processo feminista.

Você acredita que chegou a hora de as pessoas se desligarem completamente dos principais partidos políticos e daquele conceito que nossas "lideranças" chamam de "democracia representativa"? Engajar-se em um sistema tão corrupto e apodrecido, governado pelo dinheiro e pela ganância, é dar a ele legitimidade, certo? E quanto a pôr fim a essa farsa, parar de votar e começar a criar algo a partir de baixo que seja inovador e orgânico?

Eu certamente não acredito que os partidos políticos existentes sejam capazes de compor nossa principal arena de luta, mas penso que a arena eleitoral pode ser aproveitada como um terreno em que nos organizemos. Nos Estados Unidos, há muito tempo precisamos de um partido político independente – um partido da classe trabalhadora, feminista e antirracista. E você está totalmente certo em identificar o ativismo de base popular como o ingrediente mais importante na construção dos movimentos radicais.

O mundo árabe passou por enormes mudanças nos últimos anos, com revoluções em vários países. No Ocidente, nós aparentemente celebramos isso sem observar o que está acontecendo em nossos próprios países nem o envolvimento de nossos "líderes" com as ditaduras no mundo árabe. Você não acha que chegou a hora de fazermos nossas próprias revoluções no Ocidente?

Talvez devêssemos inverter a demanda. Penso ser totalmente apropriado que os povos do mundo árabe reivindiquem que nós, no Ocidente, impeçamos o apoio dos governos a regimes opressores – especialmente Israel. A chamada guerra contra o terror causou um dano incalculável ao mundo, incluindo a intensificação do racismo contra pessoas muçulmanas nos Estados Unidos, na Europa e na Austrália. Sem dúvida, na condição de progressistas do Norte global, não reconhecemos nossa grande responsabilidade na continuidade dos ataques militares e ideológicos contra os povos do mundo árabe.

Recentemente, você fez em Londres uma palestra sobre a Palestina, a G4S (o maior grupo privado de segurança do mundo) e o complexo industrial-prisional. Poderia nos dizer qual é a relação entre os três?

Sob o pretexto da segurança e da segurança do Estado, a G4S se infiltrou na vida das pessoas mundo afora – particularmente na Grã-Bretanha, nos Estados Unidos e na Palestina. Essa empresa é a terceira maior corporação privada do mundo, depois do Walmart e da Foxconn, e é a maior empregadora do setor privado no continente africano. Ela aprendeu a lucrar com o racismo, com as ações contra imigrantes e com as tecnologias de punição em Israel e em todo o mundo. A G4S é responsável direta pelo modo como a população palestina vivencia o encarceramento político, assim como por aspectos do muro do *apartheid**, do aprisionamento na África do Sul, das escolas semelhantes a prisões nos Estados Unidos e do muro ao longo da fronteira entre os Estados Unidos e o México. Surpreendentemente, descobrimos, durante o encontro em Londres, que a G4S também opera centros de apoio a vítimas de violência sexual na Grã-Bretanha.

Quão lucrativo é o complexo industrial-prisional? Você costuma dizer que é o equivalente à "escravidão moderna".

O complexo industrial-prisional global está em contínua expansão, como pode ser visto a partir do exemplo da G4S. Assim, podemos supor que sua lucratividade esteja em crescimento. O complexo passou a incluir não apenas prisões públicas e privadas (e as prisões públicas, que são mais privatizadas do que se

---

* Uma das diversas denominações dadas ao muro idealizado pelo então primeiro-ministro de Israel, Ariel Sharon, que começou a ser construído em 2002 na região da Cisjordânia para separar o território israelense e o território árabe. O muro é alvo de diversas contestações legais e humanitárias da comunidade internacional. Outras de suas denominações, dependendo das orientações políticas envolvidas, são: barreira separatista da Cisjordânia, muro da Cisjordânia, muro de Israel, cerca antiterror, muro de segregação racial. (N. T.)

pode imaginar, estão cada vez mais sujeitas às exigências do lucro), mas também espaços para jovens em conflito com a lei, prisões militares e centros de detenção para averiguação. Além disso, o setor mais lucrativo do negócio de prisões privadas é composto pelos centros de detenção de imigrantes. Portanto, é fácil compreender por que a legislação mais repressiva contra imigrantes nos Estados Unidos foi delineada por empresas de prisões privadas em um esforço flagrante de maximizar seus lucros.

Uma sociedade livre de prisões ou presídios é uma utopia ou uma possibilidade? Como ela funcionaria?
Eu acredito que uma sociedade sem prisões é uma possibilidade futura realista, mas em uma sociedade transformada, na qual a força motriz seja constituída pelas necessidades do povo, não pelo lucro. Ao mesmo tempo, o abolicionismo prisional parece uma ideia utópica precisamente porque a prisão e as ideologias que a apoiam estão bastante enraizadas em nosso mundo contemporâneo. Há um número imenso de pessoas atrás das grades nos Estados Unidos – cerca de 2,5 milhões –, e o aprisionamento é cada vez mais usado como uma estratégia para desviar dos problemas sociais subjacentes, como racismo, pobreza, desemprego, ausência de educação e assim por diante. Esses temas nunca são abordados com seriedade. É apenas uma questão de tempo até que as pessoas comecem a perceber que a prisão é uma solução enganosa. A pressão abolicionista pode e deve se dar no interior de outros movimentos progressistas e de maneira articulada com reivindicações por educação de qualidade, estratégias antirracistas de contratação, sistema de saúde gratuito. Pode ajudar a promover uma crítica ao capitalismo e movimentos em direção ao socialismo.

O que o crescimento do complexo industrial-prisional diz sobre nossa sociedade?
O número elevado de pessoas atrás das grades em todo o mundo e a crescente lucratividade dos recursos usados para mantê-las presas estão entre os exemplos mais dramáticos das tendências destrutivas do capitalismo global. Mas os lucros obscenos obtidos por meio do encarceramento em massa estão ligados aos lucros da indústria de assistência à saúde, da educação e de outros serviços de assistência social transformados em mercadoria que, na verdade, deveriam estar disponíveis gratuitamente para todas as pessoas.

Há uma cena em The Black Power Mixtape*, documentário sobre o movimento Panteras Negras/Black Power lançado há poucos anos, em que o jornalista pergunta se você aprova a violência. Você responde: "Você me pergunta se eu aprovo a violência?! Isso não faz o menor sentido". Você poderia falar mais sobre isso?*

Eu tentei salientar que perguntas sobre a validade da violência deveriam ter sido dirigidas àquelas instituições que detinham e continuam a deter o monopólio da violência: a polícia, as prisões, as Forças Armadas. Expliquei que cresci no sul dos Estados Unidos em uma época em que a Ku Klux Klan tinha permissão das autoridades para realizar ataques terroristas contra comunidades negras. No momento em que eu estava na prisão, falsamente acusada de assassinato, sequestro e conspiração e sendo alvo da violência institucional, era a mim que perguntavam se eu concordava com a violência. Completamente bizarro. Eu também tentei destacar que a defesa da transformação revolucionária não diz respeito primeiro à violência, mas a questões concretas, como melhores condições de vida para a população pobre e para as minorias étnicas.

Muitas pessoas hoje pensam que você integrou o Partido Panteras Negras, e algumas delas acreditam inclusive que você foi uma das fundadoras. Você poderia explicar qual era seu papel exato e quais eram suas afiliações naquele momento?

Não fui uma das fundadoras do Partido Panteras Negras. Eu estava estudando na Europa em 1966, ano em que o BPP foi criado. Depois de me afiliar ao Partido Comunista, em 1968, também me tornei integrante do Partido Panteras Negras e atuei em uma das seções da organização em Los Angeles, onde era responsável pela educação política. Entretanto, em determinado momento, a liderança decidiu que integrantes do BPP não poderiam ter afiliações a outros partidos, e então eu optei por seguir no Partido Comunista. Contudo, continuei apoiando o BPP e trabalhando com ele. Quando fui presa, o Partido Panteras Negras foi uma força central na defesa de minha liberdade.

Voltando à resposta sobre violência, quando ouvi o que você disse no documentário, pensei na Palestina. A comunidade internacional e a mídia ocidental estão sempre solicitando, como pré-requisito, que a população palestina cesse a violência. Como

---

* Direção de Göran Olsson, 2011. (N. E.)

você explica a popularidade dessa narrativa de que o grupo oprimido deve garantir a segurança dos grupos opressores?

Colocar a violência em primeiro plano quase inevitavelmente serve para obscurecer as questões que estão no centro das lutas por justiça. Isso aconteceu na África do Sul durante a luta contra o *apartheid*. É interessante que Nelson Mandela – que foi santificado como o mais importante defensor da paz em nossa era – tenha sido mantido pelos Estados Unidos na lista de terroristas até 2008. Os temas relevantes no que se refere à luta da Palestina por liberdade e pela autodeterminação são minimizados e invisibilizados pelas pessoas que tentam equiparar o terrorismo e a resistência palestina ao *apartheid* israelense.

Quando você esteve na Palestina pela última vez? Qual foi a impressão que teve nessa viagem?

Viajei para a Palestina em junho de 2011 com uma delegação de ativistas e intelectuais feministas indígenas e de minorias étnicas. A delegação incluía mulheres que cresceram na África do Sul durante o *apartheid*, no sul dos Estados Unidos durante a vigência das leis segregacionistas Jim Crow e em reservas indígenas. Mesmo que todas nós já tivéssemos participado de ações ativistas de solidariedade à Palestina, ficamos completamente chocadas com o que vimos e decidimos encorajar nossas comunidades a integrar o movimento BDS (boicote, desinvestimento e sanções) e a ajudar na intensificação da campanha por uma Palestina livre. Mais recentemente, algumas de nós nos envolvemos na aprovação de uma resolução que instava a American Studies Association [Associação de Estudos Estadunidenses] a participar do boicote acadêmico e cultural [a Israel]. Além disso, integrantes da delegação se engajaram na aprovação de uma resolução da Modern Language Association [Associação de Linguagem Moderna] criticando Israel por negar a membros da academia estadunidense a permissão de entrada na Cisjordânia para dar aulas e fazer pesquisas em universidades palestinas.

Há vários meios de resistência disponíveis a povos oprimidos por regimes racistas, colonialistas ou por ocupações estrangeiras (segundo o Protocolo I Adicional às Convenções de Genebra), inclusive o uso de força armada. Hoje, o movimento de solidariedade à Palestina está comprometido com a via da resistência não violenta. Você acha que isso, isoladamente, colocará um fim ao apartheid israelense?

Pela própria natureza, os movimentos de solidariedade são, obviamente, não violentos. Na África do Sul, mesmo quando estava sendo organizado um movimento internacional de solidariedade, o Congresso Nacional Africano (CNA) e o Partido Comunista Sul-Africano chegaram à conclusão de que precisavam ter um braço armado em seu movimento: o Umkhonto we Sizwe*. Eles tinham todo o direito de tomar essa decisão. Da mesma forma, cabe ao povo palestino empregar os métodos que considerar mais eficazes em sua luta. Ao mesmo tempo, é óbvio que, caso ocorra o isolamento político e econômico de Israel, que é a aspiração da campanha BDS, o país não poderá continuar a executar suas práticas de *apartheid*. Por exemplo, se nós, nos Estados Unidos, pudéssemos forçar o governo Obama a cortar o subsídio diário de 8 milhões de dólares para Israel, isso contribuiria muito para pressionar Israel a dar um fim à ocupação.

Você faz parte de um comitê pela libertação do prisioneiro político palestino Marwan Barghouti e de todas as pessoas presas por razões políticas. Qual é a importância de que elas sejam libertadas?
É fundamental que Marwan Barghouti e todas as pessoas presas por razões políticas nas penitenciárias de Israel sejam soltos. Barghouti passou mais de duas décadas atrás das grades. Sua situação reflete o fato de que a maioria das famílias palestinas teve ao menos uma pessoa presa pelas autoridades israelenses. Atualmente, há cerca de 5 mil palestinos e palestinas nas prisões, e sabemos que, desde 1967, Israel aprisionou 800 mil pessoas palestinas – 40% da população masculina. A demanda pela libertação de todas as pessoas palestinas presas por razões políticas é um componente crucial da reivindicação pelo fim da ocupação.

Durante uma palestra na Universidade de Birkbeck, você disse que a questão palestina precisava se tornar global, uma questão social que qualquer movimento de luta por justiça deveria incluir em seu programa ou sua agenda. O que você quis dizer com isso?
Assim como a luta pelo fim do *apartheid* sul-africano foi encampada por pessoas do mundo todo e incorporada a muitas agendas de justiça social, a solidariedade com a Palestina deve ser igualmente adotada pelas organizações e

---

* "Lança da nação" em xhosa e zulu, idiomas oficiais da África do Sul. (N. T.)

pelos movimentos que se dedicam às causas progressistas mundo afora. A tendência tem sido considerar a Palestina um tópico separado – e, infelizmente, muitas vezes marginal. Este é o momento exato para encorajar todas as pessoas que acreditam na igualdade e na justiça a se unir ao apelo por uma Palestina livre.

A luta é interminável?
Eu diria que, à medida que amadurecem, nossas lutas produzem novas ideias, novas questões e novos campos nos quais nos engajamos na busca pela liberdade. Como Nelson Mandela, devemos ter disposição para abraçar uma longa jornada rumo à liberdade.

FERGUSON NOS LEMBRA DA RELEVÂNCIA DO CONTEXTO GLOBAL

**Entrevista realizada por Frank Barat em Bruxelas
(21 de setembro de 2014)**

Depois do que aconteceu em Ferguson, qual é sua opinião sobre a premissa do livro A nova segregação: racismo e encarceramento em massa*, *de Michelle Alexander?* O livro de Michelle Alexander sobre o encarceramento em massa foi lançado justamente em um momento que representou o ápice da mobilização contra o complexo industrial-prisional. Ele se tornou um *best-seller* e popularizou a luta contra o encarceramento em massa, contra o complexo industrial-prisional, de um modo muito relevante. É óbvio que o argumento que ela apresenta – de que o encarceramento em massa restabelece algumas das restrições aos direitos civis que foram combatidas pelo movimento negro de meados do século XX – é muito importante.

Ferguson nos lembra de que temos de pensar essas questões globalmente. Se eu tivesse de fazer uma crítica construtiva ao texto, diria que falta nele um contexto global, um referencial internacional. E ela mesma indica isso; portanto, não se trata de algo que desconheça. Em muitas de suas palestras, ela explica que nós também precisamos dessa contextualização mais ampla, global, para compreender o funcionamento do aparato que tem produzido o encarceramento em massa [nos Estados Unidos].

Por que eu afirmo que Ferguson nos lembra da importância de um contexto global? O que observamos na reação da polícia à resistência que irrompeu espontaneamente como consequência do homicídio de Michael Brown foi uma resposta armada que revelou até que ponto as forças policiais locais têm sido equipadas com armamentos militares, tecnologia militar, treinamentos militares. A militarização da polícia nos leva a pensar em Israel e na militarização da polícia israelense – se tivessem sido mostradas apenas as imagens da polícia, e

---

*   Ed. bras.: trad. Pedro Davoglio, São Paulo, Boitempo, 2018. (N. E.)

não as dos manifestantes, seria possível supor que Ferguson era Gaza. Acho que é importante reconhecer em que medida, por causa do advento da guerra contra o terror, as forças policiais em todos os Estados Unidos têm sido guarnecidas com os meios para, alegadamente, "combater o terror".

É muito interessante que, durante a cobertura sobre Ferguson, alguém tenha destacado que a finalidade da polícia seja supostamente proteger e servir. Ao menos é esse seu lema. Os soldados são treinados para atirar com o intuito de matar. Vimos o modo como isso se manifestou em Ferguson.

Morei em Londres por dez anos e, toda vez que você vê policiais na rua, fica com medo. Tecnicamente, são "integrantes do serviço público", mas não cumprem essa função. Você falou sobre os Estados Unidos, a polícia sendo militarizada... Durante as manifestações a favor de Gaza em Paris, na França, não eram pessoas realizando um serviço público que estavam nas ruas, era a tropa de choque. Indivíduos com aparência de RoboCop. Isso, por si só, cria e sugere violência.

Exato. É esse o ponto. E também seria importante salientar que a polícia israelense tem se envolvido no treinamento da polícia estadunidense. Portanto, existe esse vínculo entre as Forças Armadas dos dois países. E, consequentemente, isso significa que, quando tentamos organizar campanhas em solidariedade à Palestina, quando tentamos contestar o Estado israelense, não se trata apenas de centrar nossas lutas alhures. Isso tem relação com o que acontece nas comunidades estadunidenses.

Falamos com frequência aqui sobre a reprodução da ocupação: o que está acontecendo na Palestina é agora reproduzido na Europa, nos Estados Unidos etc. É importante estabelecer essa relação para que as pessoas entendam o quanto se trata de uma luta global. Mas, em sua opinião, Ferguson é um incidente isolado?

Não, absolutamente. Na verdade, para quem, entre nós, está tentando participar da construção de um movimento de massa, foi oportuno o fato de que alguns casos recentes de homicídios cometidos pela polícia e por integrantes de comitês de vigilância tenham sido bastante divulgados, tanto no país quanto internacionalmente. Tivemos Trayvon Martin, que foi apenas a ponta de um iceberg. Michael Brown é apenas a ponta de um iceberg. Confrontos, agressões e homicídios desse tipo acontecem o tempo todo, por todo o país, em cidades grandes e pequenas. Por isso, é um erro supor que essas questões podem ser resolvidas no nível individual.

É um erro supor que tudo o que precisamos fazer é garantir a instauração do processo contra o policial que matou Michael Brown. O grande desafio atual é infundir nos movimentos que surgiram espontaneamente uma consciência sobre o caráter estrutural da violência do Estado... Não sei se já podemos dizer que há um movimento, porque movimentos são organizados. Mas essas reações espontâneas, que sabemos que acontecem o tempo todo, logo levarão a organizações e a um movimento continuado.

O que nos diz sobre o movimento negro pelos direitos civis o fato de que, mais de cinquenta anos após Martin Luther King e Malcolm X, ainda acontecem ataques contra pessoas negras e de origem latina? Significa que esse movimento falhou ou que representa uma luta permanente?
O uso da violência estatal contra a população negra, contra as minorias étnicas, tem origem em uma época muito anterior ao movimento pelos direitos civis – na colonização e na escravidão. Durante a campanha em torno de Trayvon Martin, destacou-se que George Zimmerman, aspirante a oficial de polícia, membro de um comitê de vigilância, se você quiser usar esse termo, imitou o papel representado pelas patrulhas de pessoas escravizadas [*slave patrols*]*. Tanto naquela época como agora, o emprego de agentes estatais armados era complementado pelo emprego de civis para levar a cabo a violência do Estado.

Portanto, não precisamos nos ater à época do movimento pelos direitos civis; podemos reconhecer que tal movimento não dirimiu práticas originárias da escravidão. Talvez não vivenciemos os linchamentos e a violência da Ku Klux Klan da mesma forma que antes, mas ainda há violência estatal, violência policial, violência militar. E, em certa medida, a Ku Klux Klan segue existindo.

Não acho que isso signifique que o movimento pelos direitos civis tenha fracassado. O movimento pelos direitos civis foi muito bem-sucedido naquilo que conquistou: a erradicação do racismo nas leis e a dissolução do aparato de segregação. Foi algo que aconteceu e cuja importância não devemos subestimar. O problema é que muitas vezes se presume que a erradicação do aparato legal seja equivalente à abolição do racismo. Mas o racismo persiste em uma estrutura que é muito mais extensa, mais ampla, do que a estrutura legal.

---

* Surgidas no início do século XVIII no sul dos Estados Unidos, eram patrulhas compostas por homens brancos armados, de origem social diversa, que tinham em comum o fato de, protegidos por uma legislação racista, fazer uso da violência física para conter pessoas negras escravizadas fugitivas ou consideradas rebeldes. (N. E.)

O racismo econômico continua a existir. O racismo pode ser encontrado em todos os níveis de todas as grandes instituições – inclusive nas Forças Armadas, no sistema de assistência à saúde e na polícia.

Não é fácil erradicar o racismo, tão profundamente arraigado nas estruturas de nossa sociedade, e por isso é importante produzir uma análise que vá além da compreensão dos atos individuais de racismo, por isso precisamos de reivindicações que vão além da instauração de processos contra pessoas que cometem atos racistas.

Isso obviamente nos lembra da África do Sul, onde, em termos legais, o apartheid acabou, mas certo apartheid econômico, e até mesmo sociológico, segue em curso. Quando estivemos na Cidade do Cabo para a realização do Tribunal Russell, fiquei em choque ao ver, todas as manhãs, pessoas de minorias étnicas na esquina aguardando para serem escolhidas por contratantes que lhes pagavam três dólares por hora. Fiquei horrorizado com os guetos e as favelas. Você passeia de carro pelas mais belas praias da Cidade do Cabo e, poucos minutos depois, é como se estivesse em Mumbai ou algo assim.

Bem, o que é muito interessante na África do Sul é o fato de que várias das posições de liderança de que as pessoas negras foram totalmente excluídas durante o *apartheid* são agora ocupadas por pessoas negras, inclusive no âmbito da hierarquia policial. Vi recentemente um filme sobre os mineiros de Marikana, que foram atacados, feridos e muitos deles mortos pela polícia. Os mineiros eram negros, os agentes policiais eram negros, a chefe de polícia da província era uma mulher negra. A chefe da força policial nacional é uma mulher negra. Ainda assim, o que aconteceu em Marikana foi, em diversos âmbitos, uma reconstituição dos eventos em Sharpeville*. O racismo é tão perigoso porque não depende necessariamente de atores individuais; ao contrário, está profundamente enraizado no aparato...

---

* Referências aos massacres de Marikana (em 16 de agosto de 2012) e de Sharpeville (em 21 de março de 1960), na África do Sul. No caso deste último, após doze anos de vigência legal do regime de *apartheid*, milhares de pessoas negras protestaram em frente à delegacia de Sharpeville contra a lei dos passes, que controlava a circulação da população negra e seu acesso aos bairros brancos. Ao reprimir a manifestação, a polícia matou 69 manifestantes e feriu mais de 180, o que resultou em forte condenação internacional do *apartheid* como um regime violento e racista. No caso do massacre de Marikana, a polícia matou 36 manifestantes e feriu 78 ao reprimir uma greve por aumento salarial em uma mineradora britânica. O massacre se tornou uma evidência da continuidade da discriminação racial pós-*apartheid* no país. (N. T.)

E uma vez que você está no aparato...
Sim. E não importa que seja uma mulher negra a comandar a polícia nacional. A tecnologia, os regimes, os alvos continuam os mesmos. Meu medo é que, se não levarmos a sério os modos como o racismo está enraizado nas estruturas das instituições, se aceitarmos que deve haver alguém racista identificável...

Do tipo "maçã podre"...
... que é a pessoa que comete a agressão, nunca conseguiremos erradicar o racismo.

Você foi uma pioneira na linha da interseccionalidade. Como seu pensamento evoluiu?
Óbvio que a interseccionalidade – ou os esforços de reflexão, análise e organização que reconhecem as interconexões entre raça, classe, gênero, sexualidade – evoluiu consideravelmente nas últimas décadas. Vejo minha obra como o reflexo não de uma análise individual, e sim de uma percepção, no interior de movimentos e coletivos, de que não é possível separar as questões de raça das questões de classe e das questões de gênero. Houve muitas pioneiras da interseccionalidade, mas eu considero importante citar uma organização que existiu em Nova York, no fim dos anos 1960 e nos anos 1970, chamada Third World Women's Alliance [Aliança das Mulheres do Terceiro Mundo]. Essa organização publicava um jornal intitulado *Triple Jeopardy* [Tripla ameaça]. A tripla ameaça era: racismo, sexismo e imperialismo. Sim, o imperialismo refletia uma consciência internacional das questões de classe. Muitas formulações tentaram reunir esses temas. Meu livro *Mulheres, raça e classe** foi um dos muitos publicados naquela época, como *This Bridge Called My Back* [Esta ponte chamada minhas costas], organizado por Gloria Anzaldúa e Cherríe Moraga, as obras de bell hooks e de Michele Wallace e a antologia *All the Women Are White, All the Blacks Are Men, but Some of Us Are Brave: Black Women's Studies* [Todas as mulheres são brancas, todos os negros são homens, mas algumas de nós somos corajosas: estudos sobre as mulheres negras].

Portanto, por trás desse conceito de interseccionalidade há uma valiosa história de luta. Uma história de diálogos entre ativistas no interior de movimentos, entre intelectuais da academia e entre esses dois setores. Menciono essa genealogia que leva a sério as produções epistemológicas de pessoas cujo

---

* Ed. bras.: trad. Heci Regina Candiani, São Paulo, Boitempo, 2016. (N. E.)

trabalho principal é organizar movimentos radicais porque considero importante evitar que o termo "interseccionalidade" apague histórias cruciais de ativismo. Havia entre nós aquelas pessoas que, não tanto em virtude das análises acadêmicas, mas por causa de nossa experiência, reconheceram que tínhamos de descobrir uma forma de reunir tais questões. Elas não estavam separadas em nosso corpo e também não estão separadas em termos de luta.

Na verdade, acredito que o mais interessante, hoje, dada essa longa história tanto de ativismo quanto de produção de artigos e livros desde então, seja a conceitualização da interseccionalidade das lutas. Inicialmente, a interseccionalidade se referia aos corpos e às experiências. Mas, agora, como falamos a respeito de unir várias lutas por justiça social, para além das fronteiras nacionais? Por isso conversávamos sobre Ferguson e Palestina. Como podemos criar de fato um referencial que nos permita pensar essas questões conjuntamente e nos organizar em torno delas?

Quando fomos a Nova York para a sessão do Tribunal Russell sobre a Palestina, tentamos obter o apoio dos movimentos negro e indígena, mas isso se mostrou muito difícil. Éramos oitocentas pessoas na plateia. Talvez 5% fossem de minorias étnicas.

Mas você não pode simplesmente convidar as pessoas a se juntarem a você e a se unirem de imediato, em especial quando elas não estavam necessariamente representadas nos processos iniciais de organização. Você precisa desenvolver estratégias de organização a fim de que elas se identifiquem com a questão específica como se lhes dissesse respeito. É por isso que eu sugeri na resposta à pergunta sobre Michelle Alexander que essas relações devem ser feitas no contexto das próprias lutas. Assim, quando se organiza contra crimes policiais, contra o racismo policial, você sempre estabelece paralelos e semelhanças com outras partes do mundo.

E não apenas semelhanças, mas você fala sobre as relações estruturais. Sobre qual é a relação entre as forças policiais e militares israelenses e o modo como as forças policiais dos Estados Unidos são treinadas e armadas... Assim, quando do você divulga isso, encoraja as pessoas a pensar sobre isso...

... De um modo global...
... Exatamente. Essa é uma das razões pelas quais penso que tantas pessoas começaram a se identificar com a luta contra o *apartheid* na África do Sul. Não

foi uma sensação de "ah, precisamos prestar nossa solidariedade à população lá da África do Sul". Foi porque elas começaram a ver que temos um... vínculo comum. Se esse vínculo não for criado, não importa o quanto você peça às pessoas, não importa quão genuíno seja seu convite para que se unam a você, elas continuarão a enxergar a ação como algo seu, não delas.

É crucial estabelecer esse vínculo, certo? Para que as pessoas entendam que somos semelhantes; do contrário, o racismo se instaura. Quando se segue a linha de pensamento de que uma pessoa negra não tem os mesmos genes de uma branca...
Uma das coisas que tenho pensado em relação à necessidade de diversificar os movimentos de solidariedade à Palestina é a tendência de abordar as questões que entusiasmam as pessoas dentro em um referencial estreito. As pessoas fazem isso independentemente de suas preocupações. Mas em especial no caso do movimento de solidariedade à Palestina. Segundo minha experiência, muitas pessoas supõem que, para se envolver com a Palestina, é preciso ser especialista.

As pessoas têm medo de participar e dizem: "Não entendo isso. É muito complicado". Então, elas escutam alguém que realmente é especialista, que de fato representa o movimento, que tem dados aprofundados sobre a história do conflito, que fala sobre o fracasso dos Acordos de Oslo etc., quando aconteceram e por que são importantes... Mas muitas vezes as pessoas sentem que não têm informação suficiente para se considerarem defensoras da justiça na Palestina. A questão é como criar portas e janelas para que quem acredita na justiça entre e participe do movimento de solidariedade à Palestina.

Assim, a questão sobre como unir os movimentos é também uma questão sobre o tipo de linguagem que é utilizado e a conscientização que se tenta transmitir. Acho que é importante insistir na interseccionalidade dos movimentos. No movimento de abolicionismo prisional, temos tentado encontrar maneiras de falar sobre a Palestina, de modo que as pessoas interessadas em uma campanha pelo desmantelamento das prisões nos Estados Unidos também reflitam sobre a necessidade de dar um fim à ocupação da Palestina. Não pode ser uma reflexão posterior. Tem de ser parte da análise em curso.

Por falar no movimento de abolicionismo prisional, mesmo com minhas crianças, percebo que durante as brincadeiras meu filho diz: "Ah, se você for uma pessoa má, você vai para a cadeia". E ele tem três anos e meio. Ou seja, está pensando que mal = cadeia. Isso se aplica à maioria das pessoas. Portanto, a ideia do abolicionismo prisional deve ser bastante difícil de defender. Por onde começar? E como defender o abolicionismo prisional em contraposição à reforma prisional?

A história da própria instituição prisão é repleta de reformas. Foucault mostra isso. A reforma não vem após o advento da prisão; ela acompanha o surgimento da prisão. Dessa forma, desde sempre a reforma prisional só criou prisões melhores. No processo de criar prisões melhores, mais pessoas são colocadas sob a vigilância das redes correcionais e de aplicação da lei. A questão que você levanta mostra em que medida o espaço da cadeia ou da prisão não é apenas material e objetivo, mas também ideológico e psíquico. Internalizamos essa noção de um lugar onde colocar as pessoas más. Esse é precisamente um dos motivos pelos quais temos de imaginar o movimento abolicionista abordando também tais questões ideológicas e psíquicas. Não apenas o processo de remoção das instituições ou das instalações físicas.

Por que aquela pessoa é má? A prisão impede essa discussão. Qual é a natureza dessa maldade? O que a pessoa fez? Por que a pessoa fez aquilo? Se pensarmos a respeito de alguém que cometeu atos de violência, o que permite aquele tipo de violência? Por que os homens se envolvem em comportamentos violentos contra as mulheres? A própria existência das prisões impossibilita esse tipo de discussão, que é necessário para que imaginemos a possibilidade de erradicar tais condutas.

Basta mandar essas pessoas para a prisão. Basta continuar a mandá-las para a prisão. E então, óbvio, na prisão elas se veem dentro de uma instituição violenta e que reproduz violência. De muitas maneiras, pode-se dizer que a instituição se alimenta dessa violência e a reproduz, de modo que, quando a pessoa é libertada, provavelmente se tornou pior.

Como incentivar um pensamento diferente? Essa é uma questão de organização. Nos Estados Unidos, o movimento abolicionista surgiu entre o fim dos anos 1960 e o início dos anos 1970. Os membros da comunidade quacre tiveram participação ativa na emergência da ideia de que deveríamos considerar a abolição do aprisionamento. Estiveram presentes no advento da prisão, no fim do século XVIII e no início do século XIX. Foram quem primeiro pensou que a prisão era uma alternativa humana às formas de punição então existentes, porque permitiria que as pessoas fossem reabilitadas.

Eu diria que nos anos 1970 houve um momento em que se levou a sério o abolicionismo. Foi mais ou menos na época da rebelião de Attica*, quando as pessoas – estou falando de jornalistas, advogadas e advogados, juízas e juízes proeminentes – começaram a pensar seriamente a respeito de algo que não fosse o aprisionamento. No fim das contas, o pêndulo oscilou para a direção oposta. Em certo sentido, essa tem sido a história da prisão. Por um lado, houve apelos por mudanças, pela redução da violência e da repressão, por reformas e pela reabilitação. Mas isso nunca funcionou de fato. E, assim, por outro lado, havia clamores pela incapacitação** e por formas de controle mais punitivas. Em suma, o quadro sempre permaneceu o mesmo.

Dessa forma, penso que a ideia que deu ânimo a quem trabalhava pelo abolicionismo prisional foi a necessidade de considerarmos o contexto mais amplo. Nós não podemos pensar apenas sobre crime e punição. Não podemos considerar a prisão somente como um local de punição para quem cometeu um crime. Temos de avaliar o quadro mais amplo. Isso significa perguntar: por que há um número tão desproporcional de pessoas negras e de minorias étnicas na prisão? Temos de falar sobre racismo. O abolicionismo prisional significa tentar abolir o racismo. Por que há um analfabetismo tão grande? Por que há tantas pessoas analfabetas na prisão? Isso significa que temos de prestar atenção no sistema educacional. Por que as três maiores instituições psiquiátricas do país são penitenciárias em Nova York, Chicago e Los Angeles – Rikers Island, Cook County Jail e L. A. County Jail? Isso significa que precisamos observar questões relativas a assistência à saúde e, principalmente, assistência à saúde mental. Temos de descobrir como abolir a falta de moradia.

Então, isso significa que você não pode pensar dentro de um arcabouço tão estreito. Foi isso que permitiu, penso, que as penitenciárias e as prisões continuassem a crescer e se desenvolver. Porque nós temos essas noções de que se, de alguma maneira, você cometeu um crime, você precisa receber uma punição.

---

* A rebelião no presídio de Attica, em Nova York, aconteceu duas semanas depois do assassinato de George Jackson, membro do Partido Panteras Negras, na Penitenciária Estadual de San Quentin, na Califórnia, e durou de 9 a 12 de setembro de 1971. Os mais de 2 mil detentos tomaram o controle de Attica e fizeram 42 funcionários reféns. A rebelião terminou com a morte de 43 pessoas, sendo 10 reféns e 33 detentos. (N. T.)

** A teoria da incapacitação preconiza a adoção de penas mais severas e mais longas a fim de evitar a reincidência criminal e desestimular a prática de crimes em pessoas consideradas "mais perigosas". O que algumas críticas a essa teoria apontam é que ela acaba por ser aplicada frequentemente a determinados grupos sociais, como homens jovens e negros. (N. T.)

É por isso que tentamos desassociar crime e punição no senso comum ao considerar o "complexo industrial-prisional". Mike Davis foi o primeiro acadêmico/ativista a usar o termo, particularmente em relação ao crescimento da economia prisional na Califórnia. O grupo que criou a organização Critical Resistance [Resistência Crítica] pensou que essa seria uma forma de as pessoas se afastarem da ideia de que gente má merece punição e começarem a fazer perguntas sobre os papéis econômico, político e ideológico da prisão.

É um negócio muito lucrativo.
É um negócio altamente lucrativo.

Precisam de pessoas presas, não é?
Com certeza. Especialmente devido à crescente privatização das prisões... mas há uma privatização que vai além das prisões privadas. Esta consiste na terceirização de serviços prisionais para todos os tipos de corporações, e essas corporações querem populações carcerárias maiores. Elas querem mais corpos. Querem mais lucros. Então, observe o modo como as pessoas que se candidatam a cargos políticos notam que, havendo ou não uma taxa alta de crimes, a retórica da lei e da ordem sempre ajudará a mobilizar o eleitorado.

Isso também nos faz pensar nas leis. Lembro-me de quando eu estava na Austrália, falando com aborígenes. Existia uma lei na Austrália central que, na prática, significava: "Depois de três delitos, você vai para a cadeia". Esses três delitos poderiam ser: um dia, você rouba um pacote de pão, é o primeiro delito; você rouba uma caneta, o segundo; você rouba outra caneta, são três delitos. Há aborígenes na cadeia por esse tipo de ato. De início, você acha que isso é loucura, mas depois percebe que um grande número de pessoas está atrás das grades por crimes de fato menores.
Bem, acho que se pode dizer que, em todo o mundo, hoje, a instituição da prisão serve como um local para depositar pessoas que representam grandes problemas sociais. Assim como há um número desproporcional de pessoas negras nas prisões dos Estados Unidos, há um número igualmente desproporcional de aborígenes atrás das grades na Austrália. Na Europa, livrar-se das pessoas, colocá-las na prisão, é uma maneira de não ter de lidar com a imigração. Sim, a imigração é resultado de todas as mudanças econômicas globais – do capitalismo global e da reestruturação das economias dos países do Sul global,

que torna impossível viver ali. Pode-se dizer que, de várias maneiras, a prisão atua como uma instituição que consolida a inabilidade e a recusa do Estado em enfrentar os problemas sociais mais prementes da atualidade.

Estou pensando novamente no movimento abolicionista, que fala de uma sociedade melhor. Não se trata apenas do abolicionismo prisional, mas de muito mais do que isso.

Trata-se do abolicionismo prisional; este também herda a noção de abolição de W. E. B. Du Bois, que escreveu sobre a abolição da escravatura. Ele salientou que o fim da escravidão em si não solucionaria a miríade de problemas criados pela instituição da escravidão. As correntes poderiam ser removidas, mas, se não fossem desenvolvidas instituições que permitissem a incorporação das pessoas antes escravizadas em uma sociedade democrática, a escravidão não seria abolida. Em certo sentido, o que estamos defendendo é que a luta pelo abolicionismo prisional segue a luta pela abolição da escravatura do século XIX; a luta por uma democracia abolicionista ambiciona criar as instituições que realmente viabilizarão uma sociedade democrática.

E quanto às pessoas encarceradas na prisão? Você pode falar sobre agência e lutas, sobre essas pessoas e suas próprias lutas?

Ao interpretar a luta por justiça social em termos conceituais, você acaba destruindo seus próprios objetivos se não imaginar uma parceria igualitária com as pessoas pelas quais está lutando. Portanto, e este é um dos problemas de todos os movimentos reformistas, se você pensa nas pessoas encarceradas apenas como objetos da caridade alheia, você destrói o objetivo mesmo do trabalho antiprisional. Você as institui como inferiores ao tentar defender seus direitos.

O movimento abolicionista aprendeu que, sem a participação efetiva das pessoas encarceradas, não existe campanha. Isso é um fato. Muitas pessoas encarceradas contribuíram para que se chegasse à consciência da abolição do complexo industrial-prisional. Talvez nem sempre seja fácil garantir a participação de pessoas encarceradas, mas, se elas não estiverem envolvidas e não forem reconhecidas como iguais, o fracasso é certo.

Como quando você se referia à necessidade de garantir que as mulheres sejam representadas, é preciso ir um pouco além. Posso dar alguns exemplos. As pessoas encarceradas podem fazer ligações telefônicas a cobrar, então, como possibilitar que elas participem de debates públicos? Não requer muita tecnologia acoplar um aparato de amplificação a um telefone e receber uma ligação. Fiz um evento sobre Mumia Abu-Jamal. Eu estava no palco com um telefone. Mumia ligou e pôde se dirigir ao público. Temos de pensar nesses processos.

Trabalho com uma organização dedicada às prisões femininas na Austrália, capitaneada por Debbie Kilroy, chamada Sisters Inside [Irmãs Encarceradas]. Quando vou à Austrália, e devo ir em breve, sempre vamos à prisão, porque grande parcela da liderança da organização está presa. É muito fácil simplesmente esquecer, pensar sobre a prisão e sua população de forma abstrata. Se você levar a sério o desenvolvimento de relações igualitárias, descobrirá como estabelecer essas relações, como ficar em contato com as pessoas atrás das grades, como possibilitar que suas vozes sejam ouvidas.

Não se pode ter preguiça. Como fazer isso? Como convencemos homens a lutar pela libertação das mulheres? Como convencemos pessoas brancas a lutar contra o racismo e pela emancipação das pessoas de minorias étnicas? É o mesmo raciocínio, não é?
Bem, é sim. Temos de nos livrar do pensamento identitário estreito se quisermos encorajar as pessoas progressistas a abraçar tais lutas como se fossem delas próprias. Com relação às lutas feministas, os homens terão de fazer muito do trabalho importante. Gosto bastante de falar sobre o feminismo não como algo que adere aos corpos, não como algo enraizado em corpos marcados pelo gênero, mas como uma abordagem – como uma forma de interpretação conceitual, como uma metodologia, como um guia para estratégias de luta. Isso significa que o feminismo não pertence a ninguém em particular. O feminismo não é um fenômeno unitário, de modo que há cada vez mais homens envolvidos nos estudos feministas, por exemplo. Como professora universitária, observo um número crescente de homens se especializando nessa área, o que é bom. No movimento abolicionista prisional, vejo particularmente homens jovens que têm uma perspectiva feminista muito rica. Como é possível garantir que isso aconteça? Não acontecerá sem trabalho. Tanto os homens como as mulheres – e as pessoas trans – têm de realizar esse trabalho, mas não acredito que seja uma questão de as mulheres convidarem os homens para a luta. Acho que tem a ver com certo tipo de consciência a ser incentivado a fim de que os homens progressistas saibam que têm alguma responsabilidade em chamar outros homens. Em geral, os homens podem conversar entre si de uma

maneira diferente. É importante que aqueles que nós desejamos atrair para a luta encontrem exemplos. O que significa ser um homem que exemplifica o feminismo? Eu visito *campi* universitários com frequência e estava palestrando na Universidade do Sul de Illinois durante os eventos do Mês da História Negra. Conheci homens jovens que são membros de um grupo que eles chamam de Alternative Masculinities [Masculinidades Alternativas] e fiquei completamente impressionada. Eles trabalham com uma organização de mulheres. Foram treinados para ligar para a polícia em casos de estupro. Estavam seriamente envolvidos em todos os tipos de ativismo que você assumiria que apenas mulheres fazem. E então recordei que, há muito tempo, nos anos 1970, havia alguns grupos masculinos como Men Against Rape [Homens Contra o Estupro], Black Men Against Rape [Homens Negros Contra o Estupro], Against Domestic Violence [Contra a Violência Doméstica]; então, pensei na época que seria apenas questão de tempo até que homens de todos os lugares participassem. Mas isso nunca aconteceu de fato. Então, esses jovens do Alternative Masculinities me lembraram que, depois de todas essas décadas, eles deveriam representar uma tendência muito mais popular. Esse é o tipo de coisa que precisa acontecer.

Não é algo que ocorre por si mesmo. Não é algo que ocorre automaticamente. É preciso interferir. É preciso fazer intervenções conscientes.

A respeito da pena de morte. Há realmente a possibilidade de ser abolida em escala estadual nos Estados Unidos?
Bem, felizmente há alguns sinais de que pode ser possível que a pena de morte seja abolida em Nova York, por exemplo. Bom, em determinados estados, há momentos em que parecemos estar prestes a abolir a pena de morte, e não acontece; mesmo que pessoas não sejam executadas, ela continua existindo oficialmente. Quando Troy Davis foi executado, em 21 de setembro de 2011, houve um movimento internacional. As pessoas estavam convencidas de que o estado da Geórgia não iria executá-lo. Mas executou. Não sei se algum dia aboliremos a pena de morte sem um movimento de massa. E abordar um estado de cada vez pode demorar demais.

Ao mesmo tempo, devo dizer que muitas vezes surge uma série de condições conjunturais específicas, uma circunstância particular, que traz à tona a oportunidade de realizar algo. Por exemplo, em 2011, quando o movimento Occupy emergiu, foi um momento de fato empolgante. Se tivéssemos nos organizado antecipadamente de modo a aproveitá-lo, poderíamos ter utilizado a ocasião para construir, organizar grupos – partidários [ou não] – e teríamos hoje um movimento anticapitalista muito mais forte. Acho que aquele momento foi importante porque ofereceu uma chance de desenvolver uma crítica do capitalismo que não havia se popularizado ainda, e hoje falamos sobre os "99%" e o "1%" – isso é parte de nosso vocabulário.

... Uma mudança de narrativa...
Sim. Às vezes temos de realizar o trabalho mesmo que não vislumbremos que ele será realmente possível.

O trabalho de base tem de ser feito diariamente...
O movimento pelo abolicionismo prisional também está incorporando as demandas pela abolição da pena de morte. Precisamos desenvolver uma resistência mais ampla à pena de morte. No caso de Mumia Abu-Jamal, funcionou em uma escala reduzida – ele foi retirado do corredor da morte, mas deveríamos ter sido capazes de usar isso como um ponto de partida para libertá-lo, para abolir a pena de morte e, óbvio, também as prisões. A pena capital continua sendo uma questão central. Precisamos popularizar o entendimento de como o racismo assegura a ela e a tantas outras instituições. A pena de morte é uma questão ligada ao racismo estrutural e incorpora reminiscências históricas da escravidão. Não podemos entender por que ela continua a existir nos Estados Unidos da forma como existe sem uma análise sobre a escravidão. Esse é novamente um dos pontos realmente importantes a nos desafiar. Mas penso que precisaremos de um movimento de massa e de um movimento global para, por fim, extingui-la.

PRECISAMOS FALAR SOBRE MUDANÇA SISTÊMICA

Entrevista realizada por Frank Barat em Paris
(10 de dezembro de 2014)

Na última vez que conversamos sobre Ferguson, o crime havia acontecido, mas o grande júri ainda não dera o veredito. Depois da morte de outro homem negro, Eric Garner, pelas mãos de policiais, eu gostaria de retomar a conversa. Dois homens negros morreram, e os policiais estão livres. O que precisa mudar?

Primeiro, eu salientaria que os homicídios cometidos pela polícia contra a população negra não são incomuns. Recentemente, Robin D. G. Kelley escreveu um artigo que pode ser de seu interesse. Você pode encontrá-lo no site Portside. O título do texto é "Why We Won't Wait"* [Por que não vamos esperar]. O artigo lista todas as pessoas negras mortas pela polícia enquanto esperávamos pelo veredito de Ferguson.

Todos esses homicídios ocorreram em poucos meses?

Exatamente, enquanto o grande júri estava em sessão ouvindo a exposição das provas. Acho que, com frequência, tratamos esses casos como se fossem exceções, como se fossem aberrações. Ao passo que, na realidade, eles acontecem o tempo todo. E presumimos que, ao punir o autor, a justiça terá sido feita. Na verdade, por mais terrível que seja a recusa do grande júri de indiciar dois policiais pelos homicídios de Michael Brown e Eric Garner, não sei se algo mudaria caso eles tivessem sido indiciados. Estou levantando esse ponto para enfatizar que, mesmo quando policiais são indiciados, não podemos ter certeza de que a transformação esteja em pauta.

Há um episódio, creio que na Carolina do Norte, envolvendo um jovem chamado Jonathan Ferrell, que foi morto pela polícia depois de sofrer um

---

* Disponível em <http://portside.org/2014-11-27/why-we-wont-wait>; acesso em 22 jan. 2018. (N. E.)

acidente de carro e bater na porta de alguém em busca de ajuda. Aparentemente, a pessoa alegou que ele poderia ser um assaltante e chamou a polícia, que o matou na hora. Agora, nesse caso, o policial não foi indiciado logo de início; entretanto, o promotor insistiu e, por fim, o grande júri o indiciou. Meu ponto é que precisamos falar sobre mudança sistêmica. Não podemos nos contentar com ações individuais.

Isso tem uma série de significados. Significa rever conceitualmente o papel desempenhado pela polícia. Significa estabelecer, talvez, o controle comunitário da polícia. Não fazer uma simples revisão das ações após um crime cometido pelas forças policiais, mas criar órgãos comunitários que tenham o poder de realmente controlar e definir as ações da polícia. Significa enfrentar o racismo em sentido amplo. Também significa observar as formas como a polícia é encorajada a usar a violência como primeiro recurso e a relação entre essa violência institucionalizada e as de outros tipos. Em relação a Ferguson, em particular, significa a desmilitarização da polícia como uma reivindicação que precisa ser adotada em todo o país.

Estamos falando sobre uma mudança sistêmica, não é?
Exatamente.

Bem profunda.
Sim, com certeza.

Você mencionou esse homem negro que buscou ajuda quando o carro quebrou, e as pessoas quase imediatamente pensaram que ele era um assaltante ou algo assim. Você acha que isso tem relação com estereótipos, com o modo como a sociedade e a mídia retratam as pessoas negras como potencialmente perigosas, potencialmente criminosas... Produzindo essa imagem na mente das pessoas, produzindo preconceito?
Sim, definitivamente. E, na verdade, esses estereótipos operam desde a época da escravidão. Frederick Douglass escreveu sobre a tendência de imputar crimes à cor da pele. Ele chamou a atenção para um homem branco que cometeu uma série de contravenções com o rosto pintado de negro porque sabia muito bem que não seria um dos suspeitos pelo fato de ser branco. Por outro lado, todas as pessoas negras já estiveram sujeitas à relação ideológica entre negritude e criminalização.

O racismo, do modo como se desenvolveu ao longo da história dos Estados Unidos, sempre implicou certo grau de criminalização, de maneira que não é difícil entender como as suposições estereotipadas de que pessoas negras são criminosas persistem até os dias atuais. As filtragens raciais são um exemplo disso. Para uma pessoa negra, dirigir um carro pode ser perigoso. Recentemente, um dos tópicos mais comentados no Twitter dizia respeito a "cometer crimes sendo uma pessoa branca". Muitas pessoas brancas descreveram delitos que haviam cometido e dos quais nunca foram suspeitas, e uma delas mencionou que havia sido detida pela polícia junto com um amigo negro por roubar um doce. O policial deu o doce para a pessoa branca, e a pessoa negra acabou condenada à prisão.

De certa forma, isso acontece por toda parte. Essa filtragem também existe em Paris. Se você conversar com pessoas de descendência marroquina ou argelina em Paris, verá que elas enfrentam praticamente os mesmos estereótipos e invenções que as pessoas afro-americanas nos Estados Unidos. Por que você acha que esses estereótipos são fabricados? É um caso de aplicação da estratégia "dividir para dominar"?
Sabe, o racismo é um fenômeno muito complexo. Existem elementos estruturais bastante importantes do racismo e, em geral, esses elementos não são levados em consideração quando se discute seu fim ou sua contestação. Há também o impacto na psique, e é aí que entra a persistência dos estereótipos. Os modos como, ao longo de um período de décadas e séculos, as pessoas negras vêm sendo desumanizadas, ou seja, representadas como menos do que humanas e, portanto, o caráter político da maneira como a população negra é retratada por meio da mídia, por meio de outras formas de comunicação, que entra em jogo nas interações sociais, tem igualado pessoas negras a pessoas criminosas. Então, não é difícil entender como esses estereótipos persistem por tanto tempo.

A questão é: por que, até agora, não houve esforço sério para compreender o impacto do racismo nas instituições e nas atitudes individuais? Até que sejamos capazes de enfrentar o racismo de um modo abrangente, os estereótipos persistirão.

E quanto a Obama? Ele não foi a Ferguson, pelo menos até agora. Como ele se enquadra no contexto político do momento?
Bem, acho que uma explicação – uma das várias explicações para o surgimento de uma base muito interessante para um movimento contra o racismo e contra as violências racista e policial que estamos testemunhando neste exato momento – tem relação com o fato de que a eleição de Obama foi aclamada

como o possível início de uma suposta era pós-racial. Óbvio que não faz muito sentido pensar que a eleição de uma pessoa poderia transformar o impacto do racismo nas instituições e nas atitudes de todo um país. Mas acredito que o fato de que agora há um presidente negro em exercício torna o racismo, a violência racista que as pessoas testemunharam, mais impactante. E não, Obama não foi a Ferguson. Eric Holder foi, o procurador-geral, e, por mais que eu critique essa administração, acho que foi importante Eric Holder ter salientado, ao menos inicialmente, que a militarização da polícia era uma questão relevante. No princípio, vimos em Ferguson as fardas militares, o equipamento militar. Curiosamente, nos últimos tempos não tivemos imagens que enfatizassem que a polícia havia sido a destinatária de trajes, armamentos, tecnologias militares.

De qualquer forma, independentemente de quem esteja no poder, não acredito que possamos confiar nos governos para fazer o trabalho que apenas os movimentos de massa podem fazer. Penso que o que há de mais importante em relação às constantes manifestações que estão acontecendo agora é que elas impedem que essas questões morram.

Você comentou que uma pessoa não mudará todo o sistema. Então, de que modo Obama fica limitado pelo próprio sistema que o elegeu?
Bem, há um aparato inteiro que controla a presidência e que é totalmente resistente à mudança. Isso não exime Obama de tomar medidas mais ousadas. Acho que há medidas que ele poderia ter tomado se tivesse insistido. Mas, observando a história das lutas contra o racismo nos Estados Unidos, nenhuma transformação jamais aconteceu apenas porque o presidente optou por agir de modo mais progressista.

Toda mudança ocorrida foi consequência de movimentos de massa – desde a época da escravidão, da Guerra Civil e da participação do povo negro nela, que realmente determinou o resultado. Muitas pessoas têm a impressão de que foi Abraham Lincoln quem desempenhou o papel central e, de fato, ele ajudou a acelerar o passo no sentido da abolição. Mas a principal responsável pela vitória contra a escravidão foi a decisão por parte das pessoas escravizadas – tanto homens como mulheres – de se emanciparem e integrarem o Exército da União. O próprio povo escravizado e, é óbvio, o movimento abolicionista levaram ao desmantelamento da escravidão. Quando se observa o período da luta pelos direitos civis, foram os movimentos de massa – cuja base, a propósito, era formada pelas mulheres – que pressionaram o governo a promover mudança. Não vejo por que as coisas seriam diferentes hoje.

Então, você acha que Ferguson pode ser o catalisador de um novo movimento? Poderia este ser o momento de virada?
Eu acredito que os movimentos precisam de tempo para se desenvolver e amadurecer. Eles não acontecem espontaneamente. Surgem como resultado da organização e do trabalho pesado que, na maioria das vezes, acontecem nos bastidores. Eu diria que, ao longo das duas últimas décadas, têm acontecido mobilizações constantes contra a violência policial, o racismo, a violência policial racista, as prisões, o complexo industrial-prisional, e acho que os protestos frequentes hoje têm muito a ver com essa organização. Eles são reflexo do fato de que, em várias comunidades, a consciência política é muito mais elevada do que as pessoas pensam. Há um entendimento público da relação entre a violência policial racista e questões sistêmicas. O complexo industrial-prisional tem relação com o uso, recentemente revelado, de prisões secretas e de tortura pela CIA. Assim, acho que temos a base para um movimento. Não diria que existe um movimento organizado porque ainda não chegamos a esse ponto, mas há uma base firme, e as pessoas estão prontas para um movimento.

Por falar no complexo industrial-prisional e no movimento de abolicionismo prisional nos Estados Unidos, o que os movimentos podem concretizar nos dias de hoje? Que lições aprendemos com os anos 1960 e 1970?
Bem, acho que nos anos 1960 e 1970 aprendemos que os movimentos de massa podem, de fato, promover mudanças sistêmicas. Observando toda a legislação que foi aprovada – a Lei dos Direitos Civis, por exemplo, e a Lei dos Direitos de Voto –, isso não foi consequência de um presidente que tomou medidas extraordinárias. Foi resultado de pessoas marchando e se organizando.
Lembro que, em 1963, durante a época da luta pelos direitos civis, antes da Marcha sobre Washington, no verão daquele ano, houve uma cruzada infantil em Birmingham, Alabama. As crianças foram mobilizadas para enfrentar jatos d'água de alta potência e a polícia, que em Birmingham estava sob as ordens de Bull Connor. Óbvio que algumas pessoas não concordaram em permitir que as crianças tivessem tal grau de participação – mesmo Malcolm X pensava que não era apropriado expô-las a tamanho perigo –, mas elas quiseram

participar. E as imagens das crianças fazendo frente aos cães da polícia e aos jatos d'água circularam por todo o mundo, ajudando a criar uma conscientização global sobre a brutalidade do racismo. Foi uma iniciativa extraordinária. E esse papel que as crianças desempenharam para romper a barreira de silêncio em torno do racismo é algo com muita frequência esquecido.

Então, creio que, durante os anos 1960 e 1970, aprendemos de fato que a mudança era possível. Em última análise, não do tipo que realmente queríamos. Eu não deveria colocar dessa forma. Eu deveria dizer uma mudança insuficiente, porque ela aconteceu na esfera da lei, o que é fundamental. Mas nós não tivemos a mudança econômica e os outros tipos de transformações estruturais que serão necessários para começarmos a erradicar o racismo.

Essa é a questão. Como os movimentos podem pressionar mesmo os políticos mais relutantes?
Bem, Lyndon B. Johnson, então presidente, era um político sulista relutante que abertamente consentia com o racismo. Mas foi na administração dele que leis importantes passaram. Então, acho que os movimentos podem de fato forçar políticos relutantes a adotar medidas. Observando o exemplo da África do Sul, quem poderia acreditar que De Klerk adotaria a posição que acabou adotando? Isso foi devido aos movimentos dentro da África do Sul, aos movimentos sul-africanos fora do país e também à campanha global de solidariedade.

No caso dos Estados Unidos, qual é o futuro da política negra?
Bem, não sei se Obama desempenhou um papel de grande importância no desenvolvimento da política negra nos Estados Unidos. Mas acho que a verdadeira discussão é sobre o futuro da política contra o racismo.

Você tocou nesse assunto anteriormente, o fato de que Obama foi eleito talvez tenha sido na verdade uma barreira, de certo modo...
Na verdade, acho que agora é importante conceituar a política negra em um quadro mais amplo. Não podemos pensar a política negra da mesma forma que pensávamos. O que eu diria é que, nos Estados Unidos, a luta negra serve, de muitas maneiras, como um emblema da luta pela liberdade. Ela é emblemática de lutas mais amplas pela liberdade. Por isso, na esfera da política negra, eu também teria de incluir as lutas das questões de gênero, as lutas contra a

homofobia, as lutas contra políticas repressivas anti-imigração. Acredito que seja importante apontar aquilo que em geral é chamado de tradição radical negra. E essa tradição não está simplesmente relacionada ao povo negro, mas a todos os povos que lutam pela liberdade. Então, nesse sentido, acho que o futuro deve ser considerado aberto. Certamente, a liberdade negra, no sentido estrito, ainda não foi conquistada. Ainda mais considerando que um grande número de pessoas negras está assentado na pobreza. Considerando que um número desproporcionalmente grande de pessoas negras está agora na prisão, enredado na teia do complexo industrial-prisional. E, ao mesmo tempo, temos de olhar para as populações latinas e para as populações indígenas, os povos nativos dos Estados Unidos. Temos de olhar para o modo como o racismo contra as pessoas muçulmanas prosperou com base no racismo contra a população negra. Então, é muito mais complicado agora, e eu nunca afirmaria que é possível olhar para a liberdade negra em um sentido estrito. E, particularmente, dado que temos a emergência de uma classe média negra, o fato de que Obama seja presidente é emblemático da ascensão de indivíduos negros não apenas na política, mas também nas hierarquias econômicas. E isso não vai necessariamente transformar a condição da maioria das pessoas negras.

Isso é muito interessante. Não sei bem como colocar isso, mas você acha que – e cito o exemplo da África do Sul como significativo –, quando um grupo de pessoas alcança postos altos em termos de política ou negócios, o dinheiro vem antes da negritude ou do fato de ser uma pessoa indígena estadunidense? Eu estive no Chile recentemente, e lá a comunidade palestina é uma das maiores do mundo. Há cerca de 450 mil palestinos e palestinas no Chile...
Ah, eu não sabia disso.

Quando eu estava no Chile, dando palestras, visitei a Villa Grimaldi, onde Pinochet torturou e assassinou muita gente. As pessoas me disseram que cerca de 60% da comunidade palestina no Chile, que também é uma das mais ricas do mundo, apoiou Pinochet durante seu regime. Não porque ele torturava e matava, mas porque era neoliberal. Essas pessoas estavam interessadas em manter sua riqueza e seus privilégios. Então, antes de condenar a tortura, elas olhavam suas carteiras. O mesmo aconteceu na África do Sul...
É tudo muito complicado, em especial nessa época de capitalismo global e neoliberalismo. Na África do Sul, com a ascensão de um setor muito rico

e poderoso da população negra, uma burguesia negra, se você quiser, cujo potencial nunca foi realmente levado em consideração durante a luta contra o *apartheid* – ao menos não publicamente –, presumia-se que, uma vez que as pessoas negras conquistassem poder político e econômico, haveria liberdade econômica para todo mundo, e vemos que esse não é necessariamente o caso. Temos basicamente a mesma situação nos Estados Unidos.

Tenho ido ao Brasil com frequência nos últimos tempos, e o Brasil está hoje no auge de alguns importantes avanços em relação ao racismo. Acho que o país tem a oportunidade de escolher se vai seguir o exemplo dos Estados Unidos e da África do Sul... Então, para mim é surpreendente que pessoas da comunidade palestina tenham apoiado Pinochet, mas não acho totalmente inacreditável.

Não todas as pessoas, decerto...
Não, você disse 60%, o que é substancial. E acho extremamente importante que tenhamos visto nos últimos tempos o desenvolvimento de campanhas de solidariedade que unem diversas lutas. Grupos palestinos que se inspiraram nas lutas de grupos negros nos Estados Unidos deveriam inspirar o povo negro a continuar a luta pela liberdade. Por outro lado, talvez a comunidade palestina possa observar os problemas inerentes à suposição de que a ascensão individual de pessoas negras ao poder seja realmente capaz de mudar a situação como um todo. O que vai conduzir o povo palestino à liberdade é algo muito mais complicado do que o dinheiro.

O que a luta e o feminismo negros têm a oferecer ao movimento de libertação palestina?
Não sei se eu formularia a questão dessa maneira, porque acho que a solidariedade sempre supõe certa reciprocidade. Dado que, nos Estados Unidos, já existe um encorajamento para supormos que temos o melhor em todos os sentidos, esse excepcionalismo estadunidense nos colocaria, como ativistas, na condição de oferecer orientação aos povos em luta mundo afora, e eu não concordo com isso – acredito que compartilhamos experiências. Assim como acho que o desenvolvimento dos feminismos negro e das mulheres de minorias étnicas pode oferecer ideias, experiências, análises ao povo palestino, tais feminismos também podem aprender com a luta do povo palestino e das feministas palestinas. Penso que toda a concepção de interseccionalidade que tem caracterizado os feminismos de que estamos falando, que não podemos

simplesmente analisar o gênero isolado da raça, da classe, da sexualidade, da nacionalidade, das capacidades físicas, de uma série de outras questões, que o povo palestino, ou as pessoas que integram a luta palestina, tem expressado isso e de fato tem colaborado para que, nos Estados Unidos, as pessoas concebam noções mais amplas de interseccionalidade.

Como a luta palestina nos Estados Unidos mudou ao longo dos últimos anos?
Percebo que aconteceram algumas mudanças realmente importantes. A questão da liberdade palestina tem sido marginalizada há um período longo demais, tanto é que muitas pessoas nos Estados Unidos são progressistas, exceto em relação à Palestina. E tomo isso emprestado de Rebecca Vilkomerson, que fala sobre PEPs, "Progressives Except Palestine" [Progressistas exceto quanto à Palestina]. Agora, isso está mudando. O impacto da influência do sionismo, que era penetrante, vem perdendo força. Nos *campi* universitários, em todos os *campi* de universidades e faculdades, o Students for Justice in Palestine [Estudantes pela Justiça na Palestina; SJP, na sigla original] realmente cresceu, e um grande número de pessoas, que não são necessariamente palestinas, árabes ou muçulmanas, tornou-se ativo nos SJP. A questão palestina está sendo cada vez mais incorporada nas principais questões de justiça social. Minha experiência tem sido de que, se no passado eu sempre podia esperar resistência ou contestação ao falar sobre a Palestina, agora isso está se tornando cada vez mais aceitável. E acho que tal fato tem a ver com o que está acontecendo na própria Palestina. Tem a ver com o surgimento de movimentos de solidariedade à Palestina em todo o mundo, não apenas nos Estados Unidos. E tem a ver, especificamente nos Estados Unidos, com o número crescente de pessoas associadas aos movimentos negro, indígena e latino incorporando a Palestina em suas agendas. Acho que, na última entrevista, contei que ativistas da causa palestina usaram o Twitter para dar recomendações a manifestantes em Ferguson sobre como lidar com o gás lacrimogêneo. Então, essa conexão direta facilitada pelas redes sociais também tem sido importante.

Estive em Sevilha recentemente para uma conferência, e Rahim Kurwa, do SJP da Universidade da Califórnia (Ucla), que você conhece bem, estava lá. Disse a ele que encontraria você, e ele tinha uma pergunta interessante para lhe fazer a respeito do ativismo estudantil. Ele perguntou: "Qual é o papel do ativismo estudantil hoje e como estudantes deveriam pensar sua relação com a comunidade mais ampla e os movimentos nos arredores dos campi, *especialmente em uma época em que as universidades estão se tornando cada vez mais instituições de elite?".* Certamente, e a Ucla tem sido, historicamente, o centro de um grande número de lutas ligadas à comunidade. Posso relatar minha própria luta lá. Mas penso que agora há estudantes que contestam as fronteiras das universidades e a tentativa de consolidá-las como redutos do elitismo neoliberal, e essas contestações são extremamente importantes. No caso do SJP, associar os *campi* ao movimento BDS [boicote, desinvestimento e sanções] país afora não apenas teve o efeito de fortalecer tal movimento, como também revelou possibilidades para que estudantes questionassem a privatização das prisões. E, em muitos *campi* em que há esforços para estabelecer resoluções contra as corporações que lucram com a ocupação da Palestina, há também lutas por resoluções contra empresas que lucram com a privatização das prisões. Então, acho que essas duas lutas estão, de muitas maneiras, simbioticamente associadas. E esse é um exemplo entre muitos.

Novamente em relação à Palestina, nos Estados Unidos, como as narrativas são semelhantes ou diferentes daquelas da época da luta contra o apartheid?
Há muitas semelhanças, justamente porque o BDS, ao usar o método de boicote em massa, optou por seguir as bases da luta contra o *apartheid* rumo ao que, espera-se, seja uma acepção global de solidariedade. Creio que a diferença seja a existência de um forte *lobby* sionista. Sem dúvida, havia um poderoso *lobby* a favor do *apartheid*, mas que não teve nem de perto a influência do *lobby* sionista, o que pode ser entendido em sua relação com a religião negra, com seus tentáculos no interior da Igreja negra; há esforços diretos por parte do Estado de Israel para recrutar personalidades negras importantes. E não sei se vivenciamos tal nível de sofisticação durante a época do movimento contra o *apartheid*. Certamente, o Estado israelense aprendeu com aquele movimento. Ao mesmo tempo, acho que nunca se viu, no nível da base, o tipo de afinidade com a luta palestina que estamos testemunhando hoje entre os grupos ativistas. Minha experiência tem sido de que, enquanto antes se esperava talvez um entusiasmo contido pela luta palestina, agora pode-se esperar que, em todas as partes, o público abrace essa luta. A American Studies Association [Associação de Estudos Estadunidenses] aprovou uma importante resolução de solidariedade à Palestina. Recentemente, tive a oportunidade de participar

de um painel em uma conferência da National Women's Studies Association [Associação Nacional de Estudos sobre Mulheres; NWSA, na sigla original], e a NWSA nunca havia se posicionado em relação à Palestina devido às influências sionistas, eu diria. Em uma grande plenária, talvez com 25 mil pessoas, durante um painel sobre a Palestina, alguém perguntou se poderíamos fazer uma votação com as pessoas presentes para saber se queriam que a NWSA adotasse uma posição firme de apoio ao BDS, e praticamente todo mundo na audiência se levantou. Isso não tinha precedentes. Talvez dez ou vinte pessoas tenham ficado sentadas, mas houve um longo aplauso; foi uma experiência emocionante.

Essas mudanças são cruciais para provocar uma transformação maior. Acho que recentemente a Middle East Studies Association [Associação de Estudos sobre o Oriente Médio; Mesa, na sigla original] também apoiou publicamente o chamado do BDS...

... Até mesmo israelenses da academia disseram que essa foi uma grande mudança. Bem, vamos lembrar que foi a Association for Asian American Studies [Associação de Estudos Asiático-Americanos] que aprovou a primeira resolução, e a seguir veio a Associação de Estudos Estadunidenses, e agora...

A Mesa ?...
... A Critical Ethnic Studies Association [Associação de Estudos Étnicos Críticos]. Um bom número de instituições acadêmicas.

Tudo isso é ótimo, mas em sua opinião o que poderíamos fazer para fortalecer ainda mais o movimento pró-justiça nos Estados Unidos? A mesma pergunta se aplica ao mundo todo, imagino.
Bem, acho que temos de estabelecer conexões constantemente. De modo que, quando nos envolvemos na luta contra a violência racista – no caso de Ferguson, Michael Brown, e de Nova York, Eric Garner –, não podemos nos esquecer das conexões com a Palestina. Então, acredito que, de muitas maneiras, temos de nos engajar em um exercício de interseccionalidade, sempre colocando em primeiro plano essas conexões para que as pessoas se lembrem de que nada acontece isoladamente. Quando vemos a polícia reprimindo protestos em Ferguson, também precisamos pensar na polícia e no Exército israelenses reprimindo protestos na Palestina ocupada.

Falamos sobre a militarização da polícia, que se vê em Ferguson e na Cisjordânia, na Faixa de Gaza – e que neste momento também se vê em Atenas, na Grécia. Forças policiais que se parecem com "RoboCops", o fato de que essa é uma luta global se torna mais evidente quando tais conexões são estabelecidas...

... Mas são perspicazes; portanto, não as vemos mais em Ferguson, pois decidiram tornar sua militarização menos visível; no entanto, mesmo quando não podemos vê-la, temos de defender tal ideia. E acho que talvez seja até mais importante que as pessoas aprendam a enxergá-la nos esforços para tornar essas influências militares invisíveis.

Falando sobre conexões, você identifica um papel pessoal em relacionar os movimentos contra o racismo no mundo árabe aos movimentos pela consciência e libertação negras nos Estados Unidos?

Bem, não sei se falaria sobre um papel especificamente meu, um papel individual, mas com certeza me enxergaria participando de esforços para estabelecer essas conexões, para torná-las mais palpáveis e visíveis. Muitas vezes, aprendemos com os movimentos que acontecem na base e devemos ter muito cuidado para não pressupor que essas ideias nos pertencem enquanto indivíduos ou, pelo menos, enquanto personalidades com maior visibilidade; temos de reconhecer que aprendemos com isso e que queremos compartilhar tais ideias. É esse papel que me veria representando.

Falando novamente sobre o feminismo negro, que avanços você tem visto nele nos Estados Unidos?

Bem, a adoção da causa da solidariedade à Palestina é fundamental. Beverly Guy-Sheftall, que é uma figura muito importante no desenvolvimento do feminismo negro e que dá aulas na Spelman College, uma das instituições educacionais historicamente negras...

Howard Zinn deu aula lá...

Sim, deu. Alice Walker estudou na Spelman. É uma faculdade feminina pequena, mas de destaque. E Beverly Guy-Sheftall integrou a mesma delegação à Palestina da qual participei. Foi uma delegação de ativistas e intelectuais feministas indígenas e de minorias étnicas que visitou a Palestina. E Beverly Guy-Sheftall é uma personalidade muito relevante e tão modesta que nunca reivindica espaço para si mesma, mas eu gostaria de enfatizar a importância do papel que ela tem desempenhado. A Spelman College, que é uma instituição predominantemente negra, tem uma seção do SJP, que é a única em uma grande universidade ou faculdade historicamente negra, e acho que está liderando as outras universidades e faculdades historicamente negras. Por isso, acredito que há esperança de grandes avanços no futuro. Beverly tem sido firme e persistente em levar a luta palestina para o primeiro plano.

Você percebe, ao longo de sua vida, uma consolidação do feminismo que tenha efetivamente desafiado tanto o patriarcado quanto o privilégio branco do feminismo liberal, se é que podemos chamar assim?

Acho que os movimentos, feministas e outros, são mais poderosos quando começam a afetar a visão e a perspectiva daquelas pessoas que não necessariamente se associam a eles. Então, os feminismos radicais, ou os feminismos antirracistas radicais, são importantes no sentido de que têm influenciado a maneira como a população jovem, em especial, pensa as lutas pela justiça social hoje. Nós não podemos pressupor que é possível ter vitórias em qualquer movimento antirracista enquanto não considerarmos como o gênero aparece, como o gênero, a sexualidade, a classe e a nacionalidade aparecem nessas lutas. No passado, as lutas pela liberdade eram vistas como masculinas. A liberdade para o povo negro era equivalente à liberdade para o homem negro, e, ao observar Malcolm X e várias outras personalidades, você percebe isso constantemente. Mas isso já não é mais possível. E acho que o feminismo não é uma abordagem que seja ou deva ser adotada apenas por mulheres, mas deve ser cada vez mais uma abordagem adotada por pessoas de todos os gêneros.

Em relação à mudança, qual foi a mais significativa na política negra desde o fim do movimento pelos direitos civis? Essa mudança também está relacionada ao feminismo negro?

Bem, acho que a interconexão dos movimentos antirracistas com o gênero é crucial, mas também precisamos fazer isso com classe, nacionalidade e etnia – não acho que podemos enxergar os movimentos negros hoje da mesma forma que enxergamos no passado. A suposição de que a liberdade negra era a liberdade para o homem negro criou uma espécie de limite em torno da luta negra que não pode mais existir. Por isso, acho que a tradição radical negra deve adotar as lutas contra o racismo em relação às pessoas muçulmanas, que talvez seja a forma mais virulenta de racismo atualmente. Não faz sentido imaginar a erradicação do racismo contra as pessoas negras sem erradicar o racismo contra as pessoas muçulmanas.

Sem racismo, podem existir policiamento e aprisionamento nos Estados Unidos?
Neste ponto, neste momento da história estadunidense, não acho que possa haver policiamento sem racismo. Não acho que o sistema de justiça criminal funcione sem racismo. O que significa dizer que, se quisermos imaginar a possibilidade de uma sociedade sem racismo, tem de ser uma sociedade sem prisões. Sem o tipo de policiamento que vivenciamos hoje. Estruturas diferentes, talvez estruturas de justiça restaurativa, devem ser evocadas a fim de começarmos a vislumbrar uma sociedade que seja segura. Acho que a segurança é uma questão central, mas não o tipo de segurança baseado no policiamento e no encarceramento. Talvez a justiça transformativa forneça uma estrutura para imaginarmos uma espécie bem diferente de segurança no futuro.

Você é ativista há décadas. O que a mantém atuante? Você acha que devemos permanecer otimistas em relação ao futuro?
Não acho que tenhamos alternativa além de permanecer otimistas. O otimismo é uma necessidade absoluta, mesmo que seja apenas um otimismo da vontade, como disse Gramsci, e um pessimismo da razão. O que tem me mantido atuante é o desenvolvimento de novas formas de comunidade. Não sei se eu teria sobrevivido caso os movimentos não tivessem sobrevivido, caso as comunidades de resistência, as comunidades de luta não tivessem sobrevivido. Então, o que quer que eu faça, sempre me sinto diretamente conectada a elas – e acho que esta é uma época em que temos de encorajar a noção de comunidade, especialmente em um momento em que o neoliberalismo tenta obrigar as pessoas a pensar em si mesmas apenas em termos individuais, não em termos coletivos. É nas coletividades que encontramos provisões de esperança e de otimismo.

4

SOBRE A PALESTINA, A G4S E O COMPLEXO INDUSTRIAL-PRISIONAL

Discurso realizado na Soas*, em Londres (13 de dezembro de 2013)

Quando este evento que enfatiza a importância de boicotar a corporação transnacional de segurança G4S foi organizado, não tínhamos como saber que coincidiria com a morte de Nelson Mandela e as homenagens fúnebres a ele.

Ao refletir sobre o legado de luta associado a Mandela, não posso deixar de lembrar as lutas que ajudaram a alcançar a vitória da sua libertação e, com isso, a arena em que o *apartheid* sul-africano foi desarticulado. Então, eu me recordo de Ruth First e Joe Slovo, Walter e Albertina Sisulu, Govan Mbeki, Oliver Tambo, Chris Hani e muitas outras pessoas que não estão mais conosco. Ao respeitar a insistência de Mandela em sempre se colocar em um contexto de luta coletiva, é apropriado evocar alguns nomes de seus companheiros e suas companheiras que tiveram papel central na eliminação do *apartheid*.

Embora seja comovente testemunhar a unânime e ininterrupta efusão de elogios a Nelson Mandela, é importante questionar o significado dessa santificação. Sei que ele mesmo teria insistido em não ser alçado, como indivíduo, a herói secular; ao contrário, teria ininterruptamente reivindicado espaço para seus companheiros e suas companheiras de luta e, dessa maneira, teria desafiado seriamente o processo de santificação. De fato, ele era extraordinário, mas como pessoa era particularmente notável por suas severas críticas ao individualismo que o destacava à custa de quem sempre esteve a seu lado. Sua personalidade profunda fundamentava-se precisamente em sua recusa decisiva em adotar o individualismo, componente ideológico tão central do neoliberalismo.

---

* School of Oriental and African Studies, University of London [Faculdade de Estudos Orientais e Africanos da Universidade de Londres; Soas, na sigla original]. (N. T.)

Portanto, quero aproveitar a oportunidade para agradecer às incontáveis pessoas aqui no Reino Unido, inclusive integrantes do Congresso Nacional Africano (CNA) e do Partido Comunista Sul-Africano então em exílio, que construíram um potente e exemplar movimento contra o *apartheid* no país. Tendo viajado para cá em diversas ocasiões durante os anos 1970 e 1980 para participar de eventos contra o *apartheid*, agradeço às mulheres e aos homens que foram tão inabaláveis em seu compromisso com a liberdade quanto Nelson Mandela. A participação em tais movimentos de solidariedade aqui no Reino Unido foi crucial para minha própria formação política, já que foram os movimentos que salvaram minha vida.

Ao lamentar a morte de Nelson Mandela, ofereço minha profunda gratidão a todas as pessoas que mantiveram a luta contra o *apartheid* viva ao longo de tantas décadas, por todas as décadas que foram necessárias até que por fim o mundo se livrasse do racismo e da repressão associados ao sistema do *apartheid*. E evoco o espírito da Constituição sul-africana e sua oposição ao racismo e ao antissemitismo, bem como ao sexismo e à homofobia.

É nesse contexto que me reúno a vocês mais uma vez para intensificar as campanhas contra outro regime de *apartheid* e em solidariedade às lutas do povo palestino. Como disse Nelson Mandela: "Sabemos muito bem que nossa liberdade é incompleta sem a liberdade das pessoas palestinas".

O surgimento político de Mandela ocorreu em um contexto de internacionalismo que sempre nos instou a estabelecer conexões entre as lutas por liberdade, entre a luta negra no sul dos Estados Unidos e os movimentos de libertação africanos – conduzidos pelo CNA, na África do Sul; o MPLA, em Angola; a Swapo, na Namíbia; a Frelimo, em Moçambique; e o PAIGC, na Guiné-Bissau e em Cabo Verde*. Essa solidariedade internacional não existiu apenas entre pessoas de descendência africana, mas também com as lutas de povos asiáticos e latino-americanos, inclusive a presente solidariedade com a Revolução Cubana e com as pessoas que lutavam contra a ofensiva militar dos Estados Unidos no Vietnã.

Meio século depois, herdamos o legado dessas solidariedades – por mais que as lutas específicas tenham terminado bem ou mal – como sendo

---

* Referência às organizações populares Congresso Nacional Africano (CNA); Movimento Popular de Libertação de Angola (MPLA); South West Africa People's Organization [Organização do Povo do Sudoeste Africano; Swapo, na sigla original]; Frente de Libertação de Moçambique (Frelimo); e Partido Africano para a Independência da Guiné e Cabo Verde (PAIGC). (N. T.)

responsáveis por produzir esperança e inspiração e ajudar a criar condições reais para o avanço.

Agora nos confrontamos com a tarefa de colaborar com nossas irmãs e nossos irmãos na Palestina no momento em que combatem o *apartheid* israelense. Suas lutas têm muitas semelhanças com aquelas contra o *apartheid* sul-africano, sendo que uma das mais óbvias é a condenação ideológica de seus esforços por liberdade sob a rubrica de terrorismo. Creio que há evidências indicando a cooperação histórica entre a CIA e o governo do *apartheid* sul-africano – na verdade, parece que foi um agente da CIA que informou às autoridades da África do Sul o paradeiro de Nelson Mandela, em 1962, levando diretamente a sua captura e sua prisão.

Além disso, só em 2008 – há apenas cinco anos – o nome de Mandela foi removido da lista de observação de terroristas, quando George W. Bush assinou uma lei que finalmente retirou Mandela e os demais integrantes do CNA da relação. Em outras palavras, quando Mandela esteve nos Estados Unidos após sua libertação, em 1990, e quando visitou o país na condição de presidente da África do Sul, ele ainda estava na lista de terroristas, e a ordem de que fosse expulso dos Estados Unidos teve de ser expressamente rescindida.

O ponto que levanto é que, durante um período muito longo, Mandela, seus companheiros e suas companheiras compartilharam da mesma condição em que hoje se encontra um grande número de lideranças e ativistas da Palestina e que, assim como os Estados Unidos colaboraram de maneira explícita com o governo do *apartheid* na África do Sul, continuam apoiando a ocupação israelense na Palestina, atualmente na forma de uma ajuda militar de mais de 8,5 milhões de dólares por dia. Precisamos fazer com que a administração Obama perceba que o mundo sabe quão profundamente envolvidos estão os Estados Unidos na ocupação.

É uma honra participar deste encontro, principalmente como uma das integrantes do International Political Prisoners Committee [Comitê Internacional pelas Pessoas Presas por Razões Políticas], recentemente criado na Cidade do Cabo para reivindicar a liberdade de pessoas palestinas presas por razões políticas, e também como membro do júri do Tribunal Russell sobre a Palestina. Gostaria de agradecer à War on Want [Guerra contra a Vontade] por patrocinar este encontro e aos corpos progressistas estudantil, docente e profissional da Soas por tornar possível nossa presença aqui nesta noite.

A reunião desta noite se concentra especificamente na importância de expandir o movimento BDS – o movimento por boicote, desinvestimento e sanções anunciado pela sociedade civil palestina – que tem sido elaborado de acordo com as linhas do poderoso modelo do movimento contra o *apartheid* na África do Sul. Embora inúmeras corporações transnacionais tenham sido identificadas como alvos do boicote, como Veolia, SodaStream, Ahava, Caterpillar, Boeing, Hewlett Packard, entre outras, hoje concentramos nossa atenção na G4S.

A G4S é particularmente importante porque participa direta e flagrantemente da manutenção e da reprodução do aparato repressivo na Palestina – prisões, postos de controle e o muro do *apartheid*, para mencionar apenas alguns exemplos. A G4S representa a insistência crescente naquilo que é chamado de "segurança" sob o Estado neoliberal e as ideologias de segurança que apoiam não apenas a privatização da segurança, como a privatização do aprisionamento, a privatização da guerra, a privatização da assistência à saúde e da educação.

A G4S é responsável pelo tratamento repressivo a pessoas presas por razões políticas em Israel. Por meio da organização Addameer, dirigida por Sahar Francis, aprendemos sobre o assustador universo da tortura e do aprisionamento enfrentado por muitas palestinas e muitos palestinos, mas também sobre suas greves de fome e outras formas de resistência.

A G4S é a terceira maior corporação privada do mundo – atrás do Walmart, que é a primeira, e da Foxconn, a segunda. No site da G4S, descobre-se que a empresa se apresenta como capaz de fornecer proteção a uma ampla gama de "pessoas e propriedades", a estrelas do rock e do esporte, e "assegurar que turistas tenham experiências seguras e prazerosas em portos e aeroportos por todo o mundo até garantir a detenção e a escolta de indivíduos que não estão legalmente autorizados a permanecer em um país".

"De mais maneiras do que você poderia imaginar", diz o site, "a G4S dá segurança a seu mundo". Poderíamos acrescentar que, de mais maneiras do que imaginamos, a G4S se infiltrou em nossa vida sob a máscara da segurança e do Estado de segurança – desde a vivência palestina do encarceramento e da tortura por razões políticas até as tecnologias racistas de desagregação e *apartheid*; do muro em Israel até as escolas que parecem prisões nos Estados Unidos e o muro na fronteira entre Estados Unidos e México. A G4S de Israel levou tecnologias sofisticadas de controle à prisão de Hasharon, que tem crianças entre as pessoas detidas, e à prisão de Damon, que encarcera mulheres.

Diante desse pano de fundo, vamos explorar o intenso envolvimento da G4S no complexo industrial-prisional global. Não me refiro apenas ao fato de que a companhia é proprietária e operadora de prisões privadas em todo o mundo, mas ao fato de que ela colabora para obscurecer as fronteiras entre escolas e presídios. Nos Estados Unidos, as escolas localizadas em comunidades pobres de minorias étnicas estão completamente intrincadas com a segurança estatal, tanto que algumas vezes temos dificuldade em diferenciar escolas e presídios. As escolas se parecem com presídios; aquelas usam as mesmas tecnologias de detecção que estes e às vezes empregam os mesmos agentes de aplicação da lei. Nos Estados Unidos, algumas escolas primárias são de fato patrulhadas por oficiais portando armas. Na verdade, uma tendência recente entre distritos escolares que não têm condições de pagar empresas de segurança como a G4S tem sido fornecer armas e treinamento de tiro para o corpo docente. Não estou brincando.

No entanto, a G4S, cujas maiores habilidades estão relacionadas com a segurança, está de fato envolvida na operação de escolas. Um site intitulado "Great Schools" [Ótimas escolas] apresenta informações sobre o Central Pasco Girls Academy [Colégio para Meninas de Central Pasco], na Flórida, que é apresentado como uma pequena escola pública alternativa. Se você acessar a página de unidades da G4S em seu site, descobrirá a seguinte frase: "O Colégio para Meninas de Central Pasco atende a jovens com idades entre treze e dezoito anos em situação de risco moderado e que, de acordo com avaliações, necessitam de cuidados intensos em saúde mental". A G4S ressalta que usa "serviços correspondentes ao gênero" e que lida com abuso sexual, abuso de entorpecentes etc. Embora isso possa soar relativamente inócuo, na verdade é um exemplo estarrecedor de até que ponto a segurança conseguiu se infiltrar no sistema educacional e, portanto, também do modo como, sob o signo do lucro capitalista, a educação e o encarceramento foram ligados. Esse exemplo mostra ainda que o alcance do complexo industrial-prisional vai muito além da prisão.

Essa empresa, que oferece "segurança" a inúmeros departamentos estatais e serviços de reabilitação a meninas "em risco" nos Estados Unidos enquanto opera prisões privadas na Europa, na África e na Austrália, fornece equipamentos e serviços para os postos de controle de Israel na Cisjordânia, ao longo do traçado do muro do *apartheid*, bem como para os terminais a partir dos quais Gaza é mantida sob cerco permanente. A G4S também provê produtos e serviços à polícia israelense na Cisjordânia, ao mesmo tempo que faz a segurança de empresas privadas e de residências nos assentamentos ilegais israelenses na Palestina ocupada.

Como as empresas que administram prisões privadas reconheceram há muito tempo, o setor mais lucrativo do complexo industrial-prisional é a detenção e a deportação de imigrantes. Nos Estados Unidos, a G4S fornece serviços de transporte para pessoas deportadas que são conduzidas para fora do país com destino ao México, agindo, portanto, em conluio com as práticas cada vez mais repressivas de imigração nos Estados Unidos. Mas foi aqui, no Reino Unido, que aconteceu um dos mais graves atos de repressão durante o translado de uma pessoa sem documentação.

Quando estive em Londres, no mês de outubro, para uma palestra na Birkbeck School of Law [Faculdade de Direito de Birkbeck], conversei com Deborah Coles, codiretora da organização Inquest, sobre o caso de Jimmy Mubenga, que morreu nas mãos de agentes de vigilância da G4S durante a deportação do Reino Unido para Angola. Dentro de um avião da British Airways, com as mãos algemadas nas costas, Mubenga foi violentamente empurrado por agentes da G4S contra o assento à frente, usando a proibida prática de imobilização "*carpet karaoke*", a fim de impedir que ele manifestasse resistência. É bastante assombroso o emprego de um termo como esse para nomear uma imobilização que, ainda que ilegal, é praticada no cumprimento da lei. Indica que a pessoa é coagida a "cantar no carpete" – ou, no caso de Mubenga, no assento estofado da frente, abafando seus protestos e tornando-os incompreensíveis. Ninguém interveio enquanto Jimmy Mubenga esteve imobilizado por quarenta minutos. Quando finalmente houve uma tentativa de prestar-lhe os primeiros socorros, ele estava morto.

Esse tratamento estarrecedor de imigrantes sem documentação do Reino Unido aos Estados Unidos nos obriga a estabelecer conexões com as pessoas palestinas transformadas em imigrantes contra vontade; na verdade, transformadas em imigrantes sem documentação em suas próprias terras ancestrais. Repito: em sua própria terra. A G4S e empresas semelhantes oferecem os meios técnicos para transformar pessoas palestinas em imigrantes à força em sua própria terra.

Como sabemos, a G4S está envolvida na operação de prisões privadas em todo o mundo. O Congress of South African Trade Unions [Congresso dos Sindicatos Sul-africanos; Cosatu, na sigla original] recentemente se manifestou contra a G4S, que administra o centro correcional de Mangaung, na província do Estado Livre. O motivo do pronunciamento foi a demissão de cerca de trezentos integrantes do sindicato de policiais por terem organizado uma greve. De acordo com a declaração do Cosatu,

o modus operandi da G4S aponta para dois dos mais preocupantes aspectos do capitalismo neoliberal e do *apartheid* israelense: a ideologia da "segurança" e a crescente privatização de setores que têm sido tradicionalmente administrados pelo Estado. Segurança, nesse contexto, não significa segurança para todas as pessoas; ao contrário, quando se observam os principais clientes da G4S Security (bancos, governos, corporações etc.), fica evidente que, quando a G4S afirma "dar segurança a seu mundo", como diz o lema da empresa, ela se refere a um mundo de exploração, repressão, ocupação e racismo.

Quando estive na Palestina, há dois anos, com uma delegação de ativistas e intelectuais indígenas e de minorias étnicas, era a primeira vez que integrantes da delegação de fato visitavam a região. A maioria de nós estava envolvida em ações de solidariedade à Palestina havia muitos anos, mas todas ficamos completamente chocadas ao descobrir que a repressão ligada ao colonialismo de ocupação israelense era tão evidente e tão flagrante. As Forças Armadas israelenses não fizeram nenhuma tentativa de esconder nem mesmo de abrandar o caráter da violência que infligiam ao povo palestino. Mulheres e homens do Exército – em geral, extremamente jovens – estavam por toda parte, portando armas. O muro, o concreto, o arame farpado em todos os lugares transmitiam a impressão de que estávamos em uma prisão. Antes mesmo de serem detidas, as pessoas palestinas já estão em um cárcere. Um passo em falso, e a pessoa pode ser detida e arrastada para a cadeia; pode ser transferida de uma prisão ao ar livre para uma fechada.

A G4S representa bem essas trajetórias carcerárias que são tão evidentes na Palestina, mas que também caracterizam cada vez mais as ações motivadas pelo lucro das corporações transnacionais associadas à elevação do encarceramento em massa nos Estados Unidos e no mundo.

A cada dia, há quase 2,5 milhões de pessoas em penitenciárias, prisões e carceragens militares em nosso país, bem como em cadeias de reservas indígenas autônomas e centros de detenção de imigrantes. Esse é um censo diário; portanto, não reflete o número de pessoas que passam pelo sistema toda semana, todo mês ou todo ano. A maioria é de minorias étnicas. O setor que cresce mais rápido é o das mulheres – mulheres de minorias étnicas. Muitas são *queer* ou trans. Na verdade, as pessoas trans de minorias étnicas formam o grupo com maior probabilidade de ser detido ou preso. O racismo alimenta a manutenção, a reprodução e a expansão do complexo industrial-prisional.

Então, se falamos em abolir o complexo industrial-prisional, devemos falar também em abolir o *apartheid* e colocar um fim à ocupação da Palestina!

Nos Estados Unidos, quando descrevemos a segregação na Palestina ocupada, que espelha tão nitidamente o histórico *apartheid* do racismo no sul dos Estados Unidos da América, especialmente diante de plateias formadas por pessoas negras, a resposta costuma ser: "Por que ninguém nos disse isso antes? Por que ninguém nos contou sobre as estradas segregadas que levam de um assentamento a outro, sobre a segregação de pedestres regulada por placas de sinalização em Hebron, não muito diferentes das placas associadas ao sul segregacionista das Leis Jim Crow? Por que ninguém nos falou sobre isso antes?".

Assim como dizemos "nunca mais" ao fascismo que produziu o Holocausto, deveríamos dizer "nunca mais" ao *apartheid* da África do Sul e do sul dos Estados Unidos. Isso significa, acima de tudo, que teremos de expandir e aprofundar nossa solidariedade às pessoas da Palestina. Pessoas de todos os gêneros e de todas as sexualidades. Pessoas que estão dentro e fora dos muros das prisões, dentro e fora do muro do *apartheid*.

Boicotemos a G4S! Apoiemos o BDS!

A Palestina será livre!

Obrigada.

5

ENCERRAMENTOS E CONTINUIDADES

**Discurso realizado na Universidade de Birkbeck
(25 de outubro de 2013)**

Dizem que a liberdade é uma luta constante.
Dizem que a liberdade é uma luta constante.
Dizem que a liberdade é uma luta constante.
Oh, Senhor, lutamos há tanto tempo.
Devemos ser livres, devemos ser livres.*

O título do meu discurso foi retirado de uma canção libertária cantada repetidamente no sul dos Estados Unidos no período do movimento por liberdade do século XX. Seus demais versos evocam o choro, o sofrimento, o luto e a morte: "Dizem que a liberdade é uma morte constante/ Morremos há tanto tempo que devemos ser livres".

E gosto da ironia da última linha de cada um dos versos:

Lutamos há tanto tempo.
Choramos há tanto tempo.
Lamentamos há tanto tempo.
Lastimamos há tanto tempo.
Morremos há tanto tempo.
Devemos ser livres, devemos ser livres.

E, sem dúvida, neste verso há simultaneamente resignação e promessa, crítica e inspiração: "Devemos ser livres, devemos ser livres". Mas somos realmente livres?

Em 2007, fui convidada pela baronesa Lola Young para falar aqui em Londres por ocasião do bicentenário da abolição da escravidão no Reino Unido. No último momento, porém, não consegui viajar, porque minha mãe faleceu

---

* "*They say that freedom is a constant struggle./ They say that freedom is a constant struggle./ They say that freedom is a constant struggle./ O Lord, we've struggled so long./ We must be free, we must be free.*" (N. T.)

no dia em que estava marcado meu embarque para Londres. Por acaso, este também é um ano de datas importantes [2013], que marcam a história da luta pela liberdade negra nos Estados Unidos. Por isso, fui convidada a falar sobre o significado da liberdade nos 150 anos da Proclamação de Emancipação dos Estados Unidos* e nos cinquenta anos dos acontecimentos centrais da luta pela liberdade negra do século XX nos Estados Unidos.

Permitam-me iniciar evocando alguns desses acontecimentos. Trata-se do aniversário de cinquenta anos da "Carta de uma prisão em Birmingham", de Martin Luther King, na qual ele defendeu da seguinte forma sua decisão de organizar protestos em Birmingham, onde era acusado de ser um agitador externo: "Estou ciente", ele escreveu, "da inter-relação entre todas as comunidades e todos os Estados. Não posso ficar sentado, inerte, em Atlanta, sem me preocupar com o que acontece em Birmingham. A injustiça em qualquer lugar do mundo é uma ameaça à justiça em todo o mundo".

E vocês provavelmente conhecem esta citação: "Todas as pessoas estão presas em uma rede inescapável de mutualidade, entrelaçadas em uma única trama do destino. O que afeta uma pessoa diretamente afeta todas indiretamente".

E, então, ele passa a evocar a história:

> Por mais de dois séculos, ancestrais de nosso povo trabalharam neste país sem receber salários; ergueram o império do algodão; construíram a casa de seus senhores enquanto padeciam de uma injustiça brutal e de uma humilhação indecente – e ainda assim, com uma vitalidade insondável, continuaram a prosperar e a se desenvolver. Se as indescritíveis crueldades da escravidão não puderam nos deter, a oposição que agora enfrentamos certamente falhará.

Também estamos realizando cerimônias pelo 50º aniversário da Cruzada das Crianças em Birmingham. Talvez não seja tão amplamente conhecido que o sucesso da campanha de Birmingham foi possível graças ao grande número de crianças – meninas e meninos – que, no início de maio de 1963, enfrentou os cães da polícia e jatos d'água de alta potência. As manifestações foram televisionadas – aliás, a televisão era bem recente, e foi realmente a primeira vez que, fora do sul, as pessoas tiveram a possibilidade de testemunhar esses protestos –, revelando ao mundo a determinação com que o povo negro lutava pela liberdade.

---

* A Proclamação de Emancipação foi a lei assinada pelo presidente Abraham Lincoln durante a Guerra Civil e que abolia a escravidão em todos os estados confederados. A lei entrou em vigor em 1º de janeiro de 1863. (N. T.)

O ano de 1963 foi ainda o ano da Marcha sobre Washington, a Marcha sobre Washington por Trabalho e Liberdade, na qual estiveram presentes cerca de 250 mil manifestantes. Na época, foi a maior aglomeração humana na cidade.

Em agosto passado, houve duas marchas em Washington, uma das quais teve discursos dos presidentes Obama e Clinton, e a outra, de personalidades que se apresentam como as atuais lideranças do movimento pelos direitos civis; não vou citar nomes.

Houve também uma série de eventos que marcou esse 50º aniversário. Muitas pessoas não sabiam a qual marcha comparecer (acho que uma foi no dia 24 e a outra, no dia 28). Mas, no mês passado, em setembro, houve diversos eventos em Birmingham, Alabama, o lugar onde, como vocês sabem, nasci e cresci.

Esses acontecimentos marcam os cinquenta anos do ataque a bomba à Igreja Batista da Sixteenth Street e do assassinato de quatro meninas negras. O ápice das cerimônias foi a concessão da mais alta condecoração civil, a Medalha de Ouro do Congresso, às famílias das quatro meninas assassinadas no ataque; embora Sarah Collins, irmã de uma das vítimas (Addie Mae Collins), não tenha morrido, ela perdeu um olho, ficou gravemente ferida e até hoje não recebeu nenhuma assistência das autoridades com despesas médicas.

Meu temor em relação a muitas dessas cerimônias é que elas tendem a representar encerramentos históricos. Elas são encenadas como os pontos altos de uma estrada que leva a uma democracia por fim triunfante; uma democracia que pode ser exibida como modelo para o mundo; uma democracia que talvez possa servir como justificativa para incursões militares, incluindo o crescente uso de drones na chamada guerra contra o terror, que resultou no assassinato de um grande número de pessoas, especialmente no Paquistão.

Ao mesmo tempo que critico a administração Obama pelo uso cada vez maior de drones, devo admitir que o discurso de Obama no 50º aniversário da Marcha sobre Washington tentou apresentar as lutas pela liberdade como incompletas e ao menos tentou se concentrar nas continuidades, e não nos encerramentos. Contudo, invocando o velho ditado, devo dizer que as ações realmente falam mais alto do que as palavras.

Ninguém pode negar que a cultura popular global está saturada de referências ao movimento pela liberdade negra do século XX. Sabemos que

Martin Luther King é uma das personalidades históricas mais conhecidas do mundo. Nos Estados Unidos, mais de novecentas ruas levam seu nome em quarenta estados, na capital e em Porto Rico. Mas profissionais da geografia que estudaram essas práticas de nomeação sugeriram que elas têm sido adotadas para desviar a atenção de problemas sociais persistentes – a falta de escolas, de moradia, de empregos e o uso de estratégias carcerárias para ocultar a persistência desses problemas.

Há mais de 900 ruas que levam o nome de King, mas há também cerca de 2,5 milhões de pessoas em presídios, prisões, instituições para jovens, carceragens militares e cadeias em reservas indígenas autônomas nos Estados Unidos. A população dessas instituições compõe 25% da população carcerária do mundo, sendo que os Estados Unidos têm 5% da população do planeta como um todo. Os 25% da população carcerária mundial servem como matéria para um vasto complexo industrial-prisional de dimensões globais que obtém lucro com as estratégias desenhadas para esconder problemas sociais que têm sido ignorados desde a época da escravidão.

Além disso, a violência policial e a violência racista de comitês de vigilância estão em alta. O caso Trayvon Martin, nos Estados Unidos, nos recorda do caso Stephen Lawrence aqui. E a violência islamofóbica também é alimentada por histórias de violência racista contra pessoas negras. Existem, ao mesmo tempo, uma presença geográfica saturada da cultura do movimento pela liberdade negra e uma ausência de qualquer coisa que vá além de um conhecimento abstrato sobre esse movimento.

Eu ousaria dizer que a maioria das pessoas que sabem quem foi Martin Luther King – e a maior parte da população mundial sabe – conhece pouca coisa além de que ele tinha um sonho. Bem, todo mundo tem sonhos. E, de fato, "Eu tenho um sonho" é o mais propagado de seus discursos.

São relativamente poucas as pessoas que têm conhecimento do discurso sobre o Vietnã na igreja Riverside* e do modo como King veio a reconhecer as intersecções e as interconexões entre o movimento de libertação negra e a campanha pelo fim da guerra no Vietnã. Consequentemente, as interpretações sobre o movimento pela liberdade no século XX que nos ajudam a

---

* Alguns trechos desse discurso podem ser conferidos em "Martin Luther King: Por uma verdadeira revolução", trad. Artur Renzo, disponível em: <https://blogdaboitempo.com.br/2016/04/04/martin-luther-king-por-uma-verdadeira-revolucao/>; acesso em fev. 2018. (N. E.)

cultivar ideias mais complexas sobre as geografias e as temporalidades da liberdade são suprimidas.

As representações dominantes do movimento pela liberdade negra são uma discreta série de momentos históricos produzidos, em grande parte, a partir do boicote aos ônibus em Montgomery, em 1955. E, de algum modo, embora o próprio Martin Luther King tenha se tornado proeminente em consequência desse boicote, ele é desde sempre visto como o orador e o líder do movimento pelos direitos civis.

Mesmo que tenham sido escritos vários livros, tanto acadêmicos como populares, sobre o papel das mulheres no boicote de 1955, King, que, na verdade, foi convidado para ser porta-voz de um movimento quando era completamente desconhecido – o movimento já havia se formado –, continua sendo a figura dominante.

E me pergunto: algum dia reconheceremos de fato o sujeito coletivo da história, ele mesmo produzido pela mobilização radical? Isso aconteceu desde o início, durante os anos 1930 e 1940. Estou me referindo, por exemplo, à organização que era conhecida como Southern Negro Youth Congress [Congresso da Juventude Negra do Sul], que tem sido praticamente extirpada dos registros históricos oficiais porque algumas de suas principais lideranças eram comunistas.

Claudia Jones foi uma das lideranças do Congresso da Juventude Negra (o Congresso da Juventude Negra Estadunidense e o Congresso da Juventude Negra do Sul), como Carole Boyce-Davies salientou em *Left of Karl Marx* [À esquerda de Karl Marx], seu admirável livro sobre ela. E menciono Jones tanto por seu importante trabalho nos Estados Unidos quanto por ela ter se tornado uma personalidade central na organização de comunidades caribenhas aqui na Grã-Bretanha após ser presa por sua atuação nos Estados Unidos e, por fim, deportada.

Como podemos agir contra a representação de agentes da história como indivíduos poderosos, indivíduos poderosos do sexo masculino, a fim de revelar o papel desempenhado no movimento pela liberdade negra, por exemplo, por mulheres negras que eram trabalhadoras domésticas?

Os regimes de segregação racial não foram destituídos pelo trabalho de líderes, presidentes e legisladores, e sim pelo fato de que pessoas comuns adotaram um posicionamento crítico na compreensão que tinham de sua relação com a realidade. Realidades sociais que podem ter parecido inalteráveis, impenetráveis, começaram a ser vistas como maleáveis e transformáveis; e as pessoas aprenderam a imaginar o que significaria viver em um mundo que não fosse tão exclusivamente governado pelo princípio da supremacia branca. Essa consciência coletiva emergiu no contexto das lutas sociais.

Orlando Patterson afirmou que o próprio conceito de liberdade – que é considerado tão valioso em todo o Ocidente, que inspirou tantas revoluções históricas no mundo – deve ter sido imaginado primeiro por pessoas escravizadas. Na época do movimento pela liberdade negra do século XX, os seres humanos cuja situação mais se aproximava daquela de pessoas escravizadas, de quem descendiam, eram trabalhadoras domésticas negras. Estamos falando de mulheres que limpavam casas, cozinhavam, lavavam roupas.

De fato, durante os anos 1950, cerca de 90% das mulheres negras eram trabalhadoras domésticas. E, considerando que a maioria das pessoas que utilizavam ônibus em Montgomery, Alabama, em 1955, era de trabalhadoras domésticas negras, por que é tão difícil imaginar e reconhecer o que essa incrível fantasia coletiva de um mundo futuro sem opressão racial, econômica e de gênero pode ter representado entre elas?

Mesmo que não saibamos o nome de todas aquelas mulheres que se recusaram a usar ônibus em comunidades negras pobres para ir às comunidades brancas abastadas de Montgomery, Alabama, parece que devemos, pelo menos, reconhecer sua realização coletiva. Aquele boicote não teria sido bem-sucedido sem a recusa delas, sem tal recusa crítica. E, por conseguinte, uma figura como a de Martin Luther King poderia nunca ter se tornado proeminente.

Fannie Lou Hamer – algumas pessoas entre vocês devem ter estudado a história do movimento pelos direitos civis, do movimento pela liberdade nos Estados Unidos, e devem ter se deparado com o nome dela – foi meeira e trabalhadora doméstica. Ela controlava a produção e a mão de obra em uma plantação de algodão nos anos 1960. E emergiu como líder do Student Nonviolent Coordinating Committee [Comitê Coordenador Estudantil Não Violento; SNCC, na sigla original] e do Mississippi Freedom Democratic Party [Partido Democrata da Liberdade no Mississippi]. Ela disse: "Por toda a vida, tenho estado doente e cansada. Agora estou doente e cansada de estar doente e cansada".

Em 1964, ela alcançou proeminência nacional ao reivindicar que integrantes de seu Partido Democrata da Liberdade no Mississippi, que era um partido racialmente integrado, tivessem assento na convenção nacional do Partido Democrata, ocupando as cadeiras que haviam sido destinadas à delegação exclusivamente branca. De muitas maneiras, ela preparou o caminho para Barack Obama. Mas essa é outra história.

Este não é apenas um ano de cerimônias de aniversários de cinquenta anos, mas também dos 150 anos da Proclamação de Emancipação. Curiosa e infelizmente, não recebemos chamadas para participar de nenhum evento comemorativo nacional. Lembrei-me de quando, aqui, vocês pelo menos tiveram a oportunidade de celebrar o bicentenário da abolição da escravidão e, óbvio, penso que a figura marcante é Wilberforce*, então vocês também tiveram de questionar o fato de que uma figura como Wilberforce seja símbolo da abolição da escravidão aqui.

Contudo, nós não recebemos uma solicitação sequer para participar de qualquer comemoração importante. Talvez o mais próximo que tenhamos chegado disso tenha sido o popular filme *Lincoln***, que, na realidade, se concentra nos esforços para aprovar a 13ª Emenda. O 150º aniversário dessa aprovação será em dois anos. A importância histórica da Proclamação de Emancipação não está tanto em decretar a emancipação de descendentes de povos africanos; ao contrário, tratou-se de uma estratégia militar. Mas, se examinarmos o significado desse momento histórico, teremos a capacidade de compreender melhor as falhas e os êxitos da emancipação.

Pensei que talvez não tenhamos recebido convites para refletir sobre a importância da Proclamação de Emancipação porque poderíamos perceber que nunca estivemos realmente livres da escravidão. De qualquer forma, ao menos somos capazes de compreender a dialética da emancipação, porque ainda vivemos sob o famoso mito de que Lincoln libertou a população escravizada, mito que continua a ser perpetuado pela cultura popular, até mesmo pelo filme *Lincoln*. Ele não libertou a população escravizada.

Vivemos também sob o mito de que o movimento pelos direitos civis de meados do século XX libertou cidadãos e cidadãs de segunda classe. Os direitos civis constituem, sim, um elemento essencial da liberdade que era reivindicada na época, mas isso não é tudo, e talvez cheguemos a esse ponto mais tarde. Como Eric Foner escreveu em seu livro intitulado *The Fiery Trial: Abraham Lincoln and American Slavery* [A prova de fogo: Abraham Lincoln e a escravidão estadunidense], que cito:

---

* William Wilberforce, político inglês, liderou uma campanha no Parlamento que culminou com a aprovação da lei que proibia a comercialização de pessoas como escravas no império britânico, em 1807, embora a escravidão continuasse a existir. (N. T.)

** Direção de Steven Spielberg, 2012. (N. E.)

A Proclamação de Emancipação é, talvez, o mais incompreendido dos documentos que moldaram a história dos Estados Unidos. Ao contrário do que diz a lenda, Lincoln não libertou as quase 4 milhões de pessoas escravizadas com um golpe de sua pena. A proclamação não teve nenhuma relevância para essa população nos quatro estados fronteiriços, uma vez que eles não estavam rebelados. E também isentou certas partes da Confederação ocupadas pela União. No total, ela deixou possivelmente 750 mil pessoas na servidão.

É evidente que as narrativas populares sobre o fim da escravidão produzidas pelo anúncio desse documento de emancipação por Abraham Lincoln apagam a agência da própria população negra. Mas há uma razão pela qual Lincoln deve ser aplaudido, creio. Trata-se do fato de que ele foi suficientemente perspicaz para perceber que a única esperança de vencer a Guerra Civil residia na criação de oportunidades para que a população negra lutasse pela própria liberdade, e essa foi a importância da Proclamação de Emancipação.

E, de fato, aquele filme foi exibido aqui? Vocês se lembram de uma das primeiras cenas, composta pela conversa entre dois soldados negros? Acho que talvez seja a cena mais importante do filme, então as pessoas que chegaram atrasadas perderam o momento mais relevante do filme.

Nesse contexto, eu gostaria de evocar W. E. B. Du Bois e o quarto capítulo de *Black Reconstruction in America* [Reconstrução negra nos Estados Unidos], que definiu o resultado da Proclamação de Emancipação como uma greve geral. Ele utiliza o vocabulário do movimento operário. E, de fato, esse capítulo, "The General Strike" [A greve geral], é descrito da seguinte maneira:

> Como a Guerra Civil significou emancipação e como o trabalhador negro venceu a guerra com uma greve geral que transferiu seu trabalho de um proprietário de terras confederado para o invasor do norte, em cujas fileiras do Exército os trabalhadores começaram a ser organizados como uma nova força de trabalho.

Assim, Du Bois afirma que a retirada e a concessão de mão de obra pelas pessoas escravizadas venceram a guerra. E aquilo que ele chama de "esse exército de mão de obra em greve" acabou por fornecer os 200 mil soldados "cuja evidente habilidade de lutar decidiu a guerra". Entre tais soldados estavam mulheres como Harriet Tubman, que foi combatente, espiã e teve de lutar por muitos anos a fim de receber, mais tarde, uma pensão militar.

Depois da guerra, encontramos uma das épocas mais sombrias da história dos Estados Unidos. Trata-se do período da Reconstrução radical, que certamente continua sendo o mais radical de toda a história dos Estados Unidos da América. Uma época que raramente é reconhecida pelos textos de história. Tivemos a eleição de pessoas negras para cargos públicos, o desenvolvimento da educação pública. Na verdade, pessoas que haviam sido escravizadas lutaram pelo direito à educação pública; isto é, a educação sem custos, ao contrário daqui. E vou abrir parêntesis – lutaram por uma educação que não fosse tratada como mercadoria. Na verdade, as crianças brancas do sul, crianças brancas pobres que não tinham acesso à educação, conquistaram esse direito como consequência direta das lutas de pessoas que haviam sido escravizadas. Foram aprovadas leis progressistas que desafiavam a supremacia masculina. É uma época pouco reconhecida.

Tivemos então, é evidente, a criação do que hoje chamamos de faculdades e universidades historicamente negras, e houve desenvolvimento econômico. Esse período não durou muito. Foi do momento posterior à abolição da escravidão – podemos adotar o ano 1865 – até 1877, quando a Reconstrução radical foi derrubada. E não apenas derrubada, mas apagada dos registros históricos. Por isso, nos anos 1960, enfrentamos questões que deveriam ter sido resolvidas em 1860, cem anos antes.

Na verdade, a Ku Klux Klan e a segregação racial, tão dramaticamente contestadas pelo movimento pela liberdade de meados do século XX, não foram produzidas durante a escravidão, e sim em uma tentativa de controlar a população negra livre que, de outra forma, teria sido muito mais bem-sucedida em fazer avançar a democracia para todas as pessoas.

E assim percebemos o desenvolvimento dialético do movimento de libertação negra. Há esse movimento pela liberdade e, então, há uma tentativa de restringi-lo para que ele se ajuste a uma estrutura muito menor, a estrutura dos direitos civis. Não que os direitos civis não sejam imensamente importantes, mas a liberdade é mais ampla do que eles.

Conforme esse movimento crescia e se desenvolvia, era inspirado pelas lutas por libertação na África, na Ásia, na Austrália e na América Latina e, ao mesmo tempo, também as inspirava. Não era apenas uma questão de conquista de direitos formais para a plena participação na sociedade, mas também uma questão de direitos concretos – era um movimento por emprego, educação e assistência à saúde gratuitas, moradia a preços acessíveis e também pelo fim da ocupação policial racista nas comunidades negras.

E assim, nos anos 1960, foram criadas organizações como o Partido Panteras Negras. (Vale dizer que o Partido Panteras Negras foi fundado em 1966, o que significa que deveria haver uma comemoração de cinquenta anos a caminho!) Imagino como abordaremos, por exemplo, o Programa dos Dez Pontos do Partido Panteras Negras. Vou apenas resumir o Programa dos Dez Pontos, e vocês terão uma ideia do motivo pelo qual não são feitos esforços para garantir uma grande celebração dos cinquenta anos da organização.

O número um era: "Queremos liberdade".

Dois: pleno emprego.

Três: o fim da usurpação, pelos capitalistas, das comunidades negras e oprimidas – o programa era anticapitalista!

Número quatro: queremos moradias decentes, adequadas para o abrigo de seres humanos.

Número cinco: queremos educação decente para nosso povo, que revele a verdadeira natureza da decadente sociedade estadunidense. Queremos uma educação que ensine nossa história real e nosso papel na sociedade atual.

Número seis – particularmente significativo diante do empenho da direita em desfazer os diminutos esforços realizados pela administração Obama para fornecer assistência à saúde à população pobre dos Estados Unidos: queremos assistência à saúde completamente gratuita para todas as pessoas negras e oprimidas.

Número sete: queremos o fim imediato da brutalidade policial e do assassinato de pessoas negras, de outras minorias étnicas e de todas as aquelas oprimidas nos Estados Unidos.

Número oito: queremos o fim imediato de todas as guerras de agressão – percebam como isso ainda soa atual.

Número nove: queremos liberdade para todas as pessoas negras e oprimidas atualmente mantidas em prisões, penitenciárias e carceragens militares federais, estaduais, municipais e de comarcas dos Estados Unidos. Queremos julgamentos por júris de pares para todas as pessoas acusadas por supostos crimes de acordo com as leis deste país.

E, por fim, número dez: queremos terra, pão, moradia, educação, vestimenta, justiça, paz e controle da tecnologia moderna pela comunidade popular.

O interessante sobre esse manifesto é que ele retoma as pautas abolicionistas do século XIX, e é óbvio que a vanguarda abolicionista do século XIX reconhecia que a escravidão não poderia ser eliminada por meio de sua mera abolição, devendo ser criadas instituições que incorporassem as pessoas que haviam sido escravizadas a uma democracia renovada e em desenvolvimento.

O Partido Panteras Negras foi fundado em 1966, e seu programa recapitula as pautas abolicionistas do século XIX e continua a ecoar as pautas abolicionistas no século XXI.

Um integrante do Partido Panteras Negras, Herman Wallace, com quem parte de vocês deve ter familiaridade, era conhecido – nos círculos que continuam envolvidos nas campanhas pela libertação de pessoas presas por razões políticas – como um dos Três de Angola*. Ele foi libertado no dia 1º deste mês, após passar 41 anos confinado em uma solitária, e morreu em 4 de outubro, três dias após conquistar a liberdade. Se vocês tiverem interesse em Herman Wallace, podem examinar a obra com a qual ele colaborou, uma instalação artística chamada *The House That Herman Built* [A casa que Herman construiu]. Uma artista [Jackie Sumell] solicitou que ele imaginasse o tipo de casa em que gostaria de viver, considerando que havia habitado uma cela de dois por três metros durante quase meio século.

Aos 66 anos, outra integrante do Partido Panteras Negras, Assata Shakur, que obteve asilo político em Cuba depois de fugir de uma prisão estadunidense nos anos 1980, foi recentemente incluída na lista de dez terroristas mais procurados do mundo. Assata Shakur, que é escritora, artista e construiu sua vida em Cuba, hoje precisa ter medo de mercenários do tipo Blackwater**, que podem querer reivindicar a recompensa de 2 milhões de dólares oferecida quando ela foi inserida em tal lista.

Eu abriria parêntesis para dizer que, quando eu soube disso, em maio, lembrei-me de quando fui incluída na lista das dez pessoas mais procuradas. Não entrei para a lista de terroristas, acho que não havia uma naquela época, mas entrei para a lista das dez pessoas criminosas mais procuradas. Fui descrita como perigosa e armada. E, sabem, uma das coisas que pensei foi: "Para que tudo isso? O que eu poderia fazer?". Então, percebi que aquilo não tinha nenhuma relação comigo; não tinha nenhuma relação com o indivíduo. Tratava-se de transmitir uma

---

*   Em 1971, três jovens negros ligados ao movimento Panteras Negras, Albert Woodfox, Herman Wallace e Robert King, foram condenados por assalto à mão armada e enviados à Penitenciária Estadual de Louisiana, conhecida como Angola. Em 1972, Woodfox e Wallace foram acusados pelo assassinato de um agente carcerário e colocados em celas solitárias; King foi acusado pelo assassinato de outro detento e também foi isolado. (N. T.)

** Atualmente denominada Academi, a Blackwater é uma empresa privada que mantém diversos contratos com o governo dos Estados Unidos para o fornecimento de serviços na área de segurança. Entre esses serviços está um exército mercenário, formado por pessoas contratadas para atuar em combates. As atividades desse exército não são contabilizadas como ações de combate militar nem estão sujeitas a punições e regulações das atividades militares. (N. T.)

mensagem para um grande número de pessoas que as autoridades pensavam desencorajar de se envolver nas lutas por liberdade daquela época.

Assata Shakur é uma das dez terroristas mais perigosas do mundo, de acordo com o Departamento de Segurança Interna e o FBI; e quando penso na violência que existia durante minha própria juventude em Birmingham, Alabama, onde bombas eram plantadas repetidas vezes, e casas eram destruídas, e igrejas eram destruídas, e vidas eram destruídas, ainda não nos referimos a esses atos como terroristas.

O terrorismo, que é apresentado como externo, estrangeiro, é, em grande medida, um fenômeno interno. O terrorismo moldou boa parte da história dos Estados Unidos da América. Reconhecer as continuidades entre as lutas antiescravagistas do século XIX, as lutas por direitos civis do século XX e as lutas abolicionistas do século XXI – e, quando digo lutas abolicionistas, estou me referindo principalmente à abolição do aprisionamento como forma dominante de punição, à abolição do complexo industrial-prisional –, reconhecer essas continuidades exige uma contestação dos encerramentos que isolam o movimento pela liberdade do século XX em relação aos séculos anterior e posterior.

Compete a nós não apenas reconhecer essas continuidades temporais, como também reconhecer continuidades horizontais, conexões com toda uma série de movimentos e lutas atuais. E quero mencionar de forma muito específica as lutas pela soberania em andamento na Palestina. Lá, onde há não muito tempo Viajantes da Liberdade locais deram os primeiros passos para contestar as práticas de *apartheid* do Estado de Israel.

Mas estou falando há muito tempo. E, apesar de minha crítica aos encerramentos, sou obrigada, pelas restrições de horário, a encerrar minha fala desta noite. Por isso, quero tentar encerrar com uma abertura. Pelo mundo afora, as pessoas dizem que desejamos lutar juntas, enquanto comunidades globais, para criar um mundo livre de xenofobia e racismo. Um mundo do qual a pobreza tenha sido expurgada e a oferta de alimentos não seja submetida às exigências do lucro capitalista. Eu diria um mundo onde uma corporação como a Monsanto seja considerada criminosa. Onde a homofobia e a transfobia possam ser chamadas de relíquias históricas, juntamente com a punição por meio do encarceramento e as instituições de confinamento para pessoas com deficiências físicas, e onde as pessoas aprendam a respeitar o meio ambiente e todos os seres vivos, tanto humanos quanto não humanos, com quem coabitamos.

DE MICHAEL BROWN A ASSATA SHAKUR, O ESTADO RACISTA PERSISTE NOS ESTADOS UNIDOS

Originalmente publicado no jornal britânico *The Guardian*
(1º de novembro de 2014)

Embora a violência racista do Estado seja um tema constante na história da população de descendência africana da América do Norte, ela se tornou digna de nota durante a administração do primeiro presidente afro-americano, cuja própria eleição foi amplamente interpretada como a proclamação do advento de uma nova era, pós-racial.

A simples persistência dos homicídios de jovens da população negra cometidos pela polícia contradiz a suposição de que constituiriam aberrações isoladas. Trayvon Martin, na Flórida, e Michael Brown, em Ferguson, Missouri, são apenas os casos mais conhecidos de um número incontável de pessoas negras assassinadas pela polícia ou por comitês de vigilância durante a administração Obama. E, por sua vez, representam um fluxo contínuo de violência racista, tanto oficial como extralegal, que vai das patrulhas de pessoas escravizadas e da Ku Klux Klan às práticas contemporâneas de filtragem racial e aos comitês de vigilância atuais.

Há mais de três décadas, Assata Shakur recebeu asilo político em Cuba, onde desde então vive, estuda e trabalha como integrante produtiva da sociedade. No início dos anos 1970, nos Estados Unidos, Assata foi falsamente acusada em diversas ocasiões e foi vilipendiada pela mídia, que a apresentava por meio de termos sexistas como "a ave-mãe" do Black Liberation Army [Exército de Libertação Negra], que por sua vez era retratado como grupo com insaciável propensão à violência. Incluída na lista de dez pessoas mais procuradas pelo FBI, ela foi acusada de assalto à mão armada, assalto a banco, sequestro, assassinato e tentativa de assassinato contra um policial. Embora tenha enfrentado dez processos judiciais diferentes e já tivesse sido declarada culpada pela mídia, todos exceto um desses julgamentos – o caso resultante de sua captura – terminaram em absolvição, impasse no corpo de jurados ou indeferimento. Sob circunstâncias bastante questionáveis, ela foi por fim condenada como cúmplice no assassinato de um policial da força estadual de Nova Jersey.

Quatro décadas depois da campanha original contra ela, o FBI decidiu demonizá-la mais uma vez. No ano passado, no marco de quarenta anos do tiroteio na rodovia New Jersey Turnpike, durante o qual o policial da força estadual Werner Foerster foi assassinado, Assata foi incluída de maneira cerimoniosa na lista de dez terroristas mais procurados pelo FBI. Para muitas pessoas, essa medida do FBI foi bizarra e incompreensível, levando à pergunta óbvia: que interesse teria o FBI em apontar uma mulher negra de 66 anos, que tem vivido discretamente em Cuba pelas últimas três décadas e meia, como uma das terroristas mais perigosas do mundo – dividindo espaço na lista com indivíduos cujas supostas ações provocaram ataques militares ao Iraque, ao Afeganistão e à Síria?

Uma resposta parcial – talvez até determinante – a essa pergunta pode ser revelada quando se amplia o alcance da definição de "terror", tanto no espaço quanto no tempo. Seguindo a denominação feita pelo governo do *apartheid* da África do Sul de Nelson Mandela e do Congresso Nacional Africano como "terroristas", o termo foi abundantemente aplicado a ativistas pela libertação negra nos Estados Unidos no fim dos anos 1960 e no início dos anos 1970.

A retórica da lei e da ordem do presidente Nixon implicava a classificação de grupos como o Partido Panteras Negras como terroristas, e eu mesma fui identificada dessa forma. Mas foi apenas quando George W. Bush declarou uma guerra global contra o terror, após o 11 de Setembro de 2001, que terroristas passaram a representar o inimigo universal da "democracia" ocidental. Envolver Assata Shakur retroativamente em uma suposta conspiração terrorista contemporânea é também colocar sob o abrigo da "violência terrorista" as pessoas que receberam o legado de Assata e que se identificam com a luta permanente contra o racismo e o capitalismo. Além disso, o anticomunismo histórico direcionado a Cuba, onde Assata vive, tem sido articulado com o antiterrorismo de forma perigosa. O principal exemplo disso é o caso dos Cinco Cubanos*.

---

*   Trata-se dos agentes da inteligência cubana Gerardo Hernández, Ramón Labañino, Antonio Guerrero, Fernando González e René González, incumbidos de manter sob observação as atividades estadunidenses que poderiam resultar em ações terroristas contra o governo e o povo cubanos. Acusados de "conspiração para cometer espionagem" e "conspiração para cometer

Tal uso da guerra contra o terror para designar de modo amplo o projeto de democracia ocidental do século XXI tem servido como justificativa para o racismo contra pessoas muçulmanas; tem legitimado ainda mais a ocupação israelense da Palestina; tem redefinido a repressão a imigrantes; e tem levado indiretamente à militarização dos departamentos locais de polícia no país. Esses departamentos – inclusive em *campi* de universidades e faculdades – têm adquirido excedentes militares das guerras no Iraque e no Afeganistão por meio do Programa de Excedente de Bens do Departamento de Defesa. Por isso, em resposta ao recente assassinato de Michael Brown pela polícia, manifestantes que contestavam a violência policial racista enfrentaram policiais vestidos em uniformes de camuflagem, empunhando armas militares e dirigindo veículos blindados.

A resposta global ao assassinato de um adolescente negro em uma pequena cidade do Centro-Oeste dos Estados Unidos pela polícia sugere uma crescente conscientização quanto à persistência do racismo estadunidense em um momento em que ele supostamente estaria em declínio. O legado de Assata representa uma ordem para ampliar e aprofundar as lutas contra o racismo. Em sua autobiografia* publicada neste ano, ao evocar a tradição de luta radical do povo negro, ela nos pede: "Levem-na adiante./ Transmitam-na às crianças./ Transmitam-na. Levem-na adiante.../ Até a liberdade!".

---

assassinato em primeiro grau", atividades nunca comprovadas, foram presos em 1998, permanecendo dezessete meses em solitárias antes mesmo de um julgamento. Em razão de tais arbitrariedades, o caso despertou imenso interesse internacional, tendo recebido diversos pedidos de revisão penal, inclusive um assinado por dez ganhadores do Prêmio Nobel. Apesar de tudo, os Cinco Cubanos permaneceram presos durante anos: René González foi solto em outubro de 2011; Fernando González, em fevereiro de 2014; o restante, em dezembro de 2014. (N. E.)

* Assata Shakur, *Assata: an Autobiography* (Londres, Zed, 2014). (N. E.)

PROJETO RELATAR A VERDADE: VIOLÊNCIA NOS ESTADOS UNIDOS

Discurso realizado em St. Louis, Missouri (27 de junho de 2015)

Felicitações à pastora Cori Bush e ao dr. David Ragland pelo brilhante trabalho no Truth Telling Project [Projeto Relatar a Verdade]. Agradeço imensamente a vocês por me convidarem a participar deste encontro de manifestantes de Ferguson e ativistas da região de St. Louis. É uma honra me unir a vocês no momento em que refletem sobre a continuidade da violência nos Estados Unidos e exploram significados novos e antigos, verdades há muito estabelecidas, mas não reconhecidas, do racismo perverso que tem contaminado o mundo desde seu princípio. Sabemos que o processo histórico de colonização foi uma conquista marcada pela violência de seres humanos e das terras que mantinham. Assim, é essencial que identifiquemos os ataques genocidas contra os primeiros povos desta terra como a arena fundadora das muitas formas de violência estatal e paramilitar que se seguiram. Além disso, a violência da colonização europeia, incluindo o tráfico de pessoas para a escravidão, constitui a história que a África, a Ásia, o Oriente Médio e a América compartilham. Em outras palavras, há uma história mais extensa e mais abrangente da violência que testemunhamos hoje. Nossa compreensão e nossa resistência em relação a formas contemporâneas de violência racista devem, portanto, ser suficientemente amplas para reconhecermos o enraizamento da violência histórica — a violência do colonialismo de ocupação contra indígenas do território estadunidense e a violência da escravidão infligida aos povos africanos. Nosso trabalho hoje é a evidência da condição de incompletude das lutas planetárias por igualdade, justiça e liberdade.

Agradeço a todas e todos que aqui apresentaram seus relatos da verdade, incluindo minha irmã Fania Davis, que tem trabalhado nesse projeto desde sua primeira viagem a Ferguson. Faz quase um ano desde as manifestações do verão passado, após o assassinato de Michael Brown pela polícia. Hoje de manhã, eu e minha irmã pisamos no solo em que ele foi morto e seguimos o caminho percorrido por manifestantes na comunidade de Ferguson. Sei que há um grande número de manifestantes de Ferguson entre vocês e quero que saibam como me sinto honrada por estar aqui neste momento. Como todas as outras pessoas que se identificam com as lutas atuais contra o racismo e a violência policial, pronunciei os nomes de "Ferguson" e "Michael Brown" inúmeras vezes. Tanto dentro como fora do país – tanto para mim como para as pessoas mundo afora –, a simples menção a Ferguson evoca luta, perseverança, coragem e uma visão coletiva do futuro.

Permitam-me compartilhar um relato sobre as ressonâncias globais da perseverança de vocês. Em setembro último, quando viajei a Savona – uma cidade com cerca de 60 mil habitantes no noroeste da Itália, próxima a Gênova –, onde fui convidada a falar sobre os Cinco Cubanos, as pessoas estavam acompanhando com avidez os protestos em Ferguson. O grupo para o qual falei trabalhara muitos anos para libertar os Cinco Cubanos presos pelo governo dos Estados Unidos, em 1998, por tentar evitar ataques terroristas a Cuba. Como vocês sabem, os três últimos foram libertados em dezembro passado, em uma troca de prisioneiros. Enquanto nos reunimos aqui nesta noite, a cidade de Joanesburgo está homenageando os Cinco Cubanos como heróis que representam a determinação coletiva criada por pessoas mundo afora e a luta de dezesseis anos ininterruptos por sua liberdade. O ponto a que quero chegar é que, quando desembarquei em Savona, as pessoas também aguardavam entusiasmadas para ouvir sobre Michael Brown e Ferguson. Elas entendiam as ações de manifestantes em Ferguson como um sopro pela liberdade em todo o planeta, incluindo a liberdade dos Cinco Cubanos.

O principal motivo para eu estar aqui hoje não é oferecer a vocês liderança nem dar conselhos a respeito do rumo a seguir. Eu me dedicaria a essas discussões de bom grado, mas não é por isso que estou aqui. Estou aqui simplesmente porque quero agradecer a vocês, ativistas de Ferguson, por se recusarem a deixar que a chama da luta se apague. Quando vocês sofreram pressão para voltar para casa e retomar o cotidiano, vocês disseram "não" e, nesse processo, fizeram de Ferguson um símbolo mundial de resistência. Em uma época em que há coação para que aceitemos soluções rápidas, respostas fáceis e resoluções prontas, manifestantes de Ferguson disseram "não". Vocês tinham a determinação de tornar visíveis as questões da violência contra as comunidades negras.

Vocês se recusaram a acreditar que havia respostas simplistas e mostraram que não permitiriam que essa questão fosse enterrada no cemitério que roubou não apenas a vida de pessoas negras, mas também tantas lutas em defesa dessas vidas. Por isso, junto-me às milhões de pessoas que agradecem a vocês por não desistirem, por não voltarem para casa, por sustentarem nosso clamor por liberdade nas ruas de Ferguson, Missouri, com tanta força que, da Palestina à África do Sul, da Síria à Alemanha, do Brasil à Austrália, Ferguson se tornou sinônimo de protestos progressistas.

Estou particularmente comovida por estar aqui, onde tudo começou. Quando Michael Brown foi assassinado, há quase um ano, ativistas de Ferguson declararam que se erguiam não apenas por esse jovem cuja vida foi sacrificada sem necessidade, mas também por inúmeras outras pessoas. Se não fosse por Ferguson, talvez não sentíssemos a obrigação de voltar nossa atenção a Eric Garner, em Nova York; Tamir Rice, de doze anos, em Cleveland; Walter Scott, em North Charleston, Carolina do Sul; e Freddie Gray, em Baltimore. Se não fosse por Ferguson, talvez não nos lembrássemos de Miriam Carey, na capital, Washington; Rekia Boyd, em Chicago; e Alesia Thomas, em Los Angeles. Se não fosse por manifestantes de Ferguson, que também mostraram que as mulheres negras, as pessoas de minorias étnicas, as comunidades *queer* e ativistas da Palestina eram alvo da violência racista tolerada pelas autoridades, talvez não tivéssemos alcançado uma consciência tão ampla do trabalho que será necessário para construir um mundo melhor.

Talvez não tivéssemos vivido a experiência da terrível tragédia de Charleston, de modo a reunir pessoas de todo o mundo que reconhecem que o racismo está de fato vivo e forte nesses quinze anos de século XXI. Talvez não tivéssemos admitido que precisamos concentrar nossa atenção para além de indivíduos e símbolos a fim de desenvolver a desenvoltura capaz de apreender a persistência do racismo estrutural mesmo quando a segregação legalizada foi declarada historicamente obsoleta, mesmo quando manifestações individuais de atitudes racistas não são tão facilmente perdoadas. Sim, é bom que a bandeira confederada seja finalmente abandonada. Após mais de cinquenta anos simbolizando abertamente a oposição aos direitos civis, a oposição à igualdade da população negra e a violência contra pessoas negras e de origem judaica, a bandeira confederada parece estar por fim desaparecendo do nosso panorama político público. Mas a questão que se coloca diante de nós é como identificar e contestar as estruturas do racismo – tanto quanto seus símbolos.

É bastante interessante que no último período da presidência de Obama a caixa de Pandora do racismo tenha sido aberta. Mas muitas pessoas estão se apressando a fechá-la novamente. Em 2011, quando Troy Davis enfrentou a pena de morte, tentamos desesperadamente construir um movimento sólido o suficiente para salvar sua vida. Mas a compreensão pública a respeito da pena de morte como elemento central na manutenção do racismo estrutural não era tão forte a ponto de produzir uma demanda coletiva impossível de ser ignorada. Em 2012, quando Trayvon Martin foi assassinado, o grito "Justiça para Trayvon Martin!" despertou as pessoas para a urgência da formação de movimentos contra o racismo. Mas nos concentramos de maneira intensa demais em George Zimmerman, o indivíduo que cometeu o crime, para conseguirmos identificar as estruturas da violência racista e, especificamente, as conexões entre a violência dos comitês de vigilância e a violência do Estado. No entanto, quando Michael Brown foi assassinado em Ferguson, o movimento se recusou a dispersar. Mesmo quando a polícia usou tecnologia e táticas militares para subjugar manifestantes, as pessoas se recusaram a ser refreadas. Ativistas da Palestina, que têm prática em enfrentar a agressão policial com gás lacrimogêneo, tuitaram conselhos e mensagens de encorajamento para quem protestava em Ferguson. Quando a raiva de algumas pessoas levou-as a reagir de maneiras que poderiam ser contraproducentes, o movimento não capitulou e se recusou a dispersar. Mesmo quando tentaram desmerecer quem participava das manifestações, o movimento se recusou a dispersar. Quando várias figuras públicas perguntaram "onde estão os líderes?", o movimento respondeu "não somos um movimento sem líderes, somos um movimento *de* liderança".

O movimento de vocês anunciou que agora não precisamos do homem negro carismático e reconhecível como líder tradicional. Decididamente, amamos Martin e Malcolm e valorizamos profundamente suas contribuições históricas, mas não precisamos reproduzir o passado. Além disso, estamos no século XXI e, a esta altura, deveríamos ter aprendido que a liderança não é uma prerrogativa masculina. As mulheres sempre realizaram o trabalho de organização dos movimentos negros radicais; portanto, elas também devem estar na liderança. No movimento negro, nos envolvemos nas lutas relativas ao gênero desde o início do século XX – particularmente nos anos 1960 e 1970. Por fim, vemos um movimento que valoriza as mulheres negras radicais, que valoriza as mulheres negras *queer* radicais. Quando as mulheres negras se erguem – como fizeram durante o boicote aos ônibus em Montgomery, como fizeram durante a era da libertação negra –, ocorrem mudanças que agitam o mundo.

No entanto, como a historiadora ativista Barbara Ransby enfatizou, não podemos romantizar a ausência de liderança. Ela salientou recentemente que

quem romantiza o conceito de movimentos sem liderança com frequência emprega erroneamente as palavras de Ella Baker: "Pessoas fortes não precisam de [uma] liderança forte". Baker transmitiu essa mensagem repetidamente ao longo dos cinquenta anos de sua carreira trabalhando nas trincheiras da luta pela justiça racial, mas o que ela tinha em vista era específico e contextualizado. Ela convocava as pessoas a deixar de dar força à noção de uma liderança carismática, messiânica, que promete a salvação política em troca de deferência. Baker também não queria dizer que movimentos emergiriam naturalmente, sem análise coletiva, estratégias sérias, organização, mobilização e construção de consenso.

Organizações recentes como Black Lives Matter [Vidas Negras Importam], Dream Defenders [Em Defesa dos Sonhos], Black Youth Project 100 [Projeto Juventude Negra 100], Justice League NYC [Liga da Justiça da Cidade de Nova York] e We Charge Genocide [Denunciamos o Genocídio] são algumas organizações da nova geração que têm construído modelos de liderança renovados e que reconhecem quão importantes são as visões das feministas negras para o desenvolvimento de movimentos negros radicais viáveis no século XXI. Essas organizações compreendem as atribuições clandestinas de raça e de gênero das categorias supostamente universais. Reconhecem, por exemplo, que quem opõe o lema *black lives matter* àquilo que se presume ser um lema que abarca todas as pessoas, *all lives matter* [todas as vidas importam], muitas vezes adota uma estratégia que encobre os motivos específicos pelos quais é importante insistir de modo bastante particular no fim da violência racista. Soube que Hillary Clinton discursou, há alguns dias, em uma igreja em Florissant, a cerca de oito quilômetros de Ferguson, e enfatizou que "todas as vidas importam". Será que ela não percebe em que medida tais declarações universais sempre reforçaram o racismo? Na maioria das vezes, as categorias universais têm sido clandestinamente racializadas. Qualquer ação crítica contra o racismo exige que compreendamos a tirania do universal. Ao longo de grande parte da história, a própria categoria de "ser humano" não abarcou as pessoas negras e de minorias étnicas. Seu caráter abstrato era formado pela cor branca e pelo gênero masculino. Eu me pergunto se Hillary Clinton conhece o livro *All the Women Are White, All the Blacks Are Men, but Some of Us Are Brave* [Todas as mulheres são brancas, todos os negros são homens, mas algumas de nós somos corajosas].

Se todas as vidas realmente importassem, não precisaríamos declarar tão enfaticamente que "vidas negras importam". Ou, como encontramos no site da organização: mulheres negras importam, meninas negras importam, gays negros importam, pessoas bissexuais negras importam, meninos negros importam, pessoas *queer* negras importam, homens negros importam, lésbicas negras importam, pessoas trans negras importam, imigrantes negras e negros importam, pessoas negras encarceradas importam. Pessoas negras com capacidades físicas diferentes importam. Sim, vidas negras importam, vidas latinas/asiático-americanas/indígenas/muçulmanas/pobres e brancas da classe trabalhadora importam. Há muitos outros casos específicos que teríamos de nomear antes de afirmar de modo ético e confortável que todas as vidas importam.

Nesse contexto, quero discordar de um dos argumentos de Obama em seu discurso verdadeiramente admirável no funeral do reverendo Clementa Pinckney, ontem, em Charleston, Carolina do Sul. Quero discordar do que ele disse quando exclamou que, se quisermos ter sucesso em nossa luta contra o racismo, não podemos dizer que precisamos dialogar mais sobre raça. Em vez disso, devemos dizer que precisamos de ação. Nós certamente precisamos de muito mais do que diálogo, mas também é verdade que precisamos aprender a dialogar sobre raça e racismo. Se não soubermos dialogar de forma significativa sobre racismo, nossas ações tomarão direções equivocadas.

O chamado ao diálogo público sobre raça e racismo é também um chamado ao desenvolvimento de um vocabulário que nos permita estabelecer conversas construtivas. Se tentarmos usar um vocabulário historicamente obsoleto, nossa consciência sobre o racismo permanecerá superficial, e poderemos facilmente sofrer pressão para admitir, por exemplo, que mudanças nas leis produzem espontaneamente mudanças efetivas no mundo social. Por exemplo, quem pressupõe que a escravidão, por ter sido legalmente abolida no século XIX, foi relegada à lata de lixo da história deixa de reconhecer em que medida os elementos culturais e estruturais da escravidão ainda nos acompanham. O complexo industrial-prisional fornece inúmeras demonstrações da persistência da escravidão. Há quem acredite que triunfamos de maneira definitiva na luta pelos direitos civis. Entretanto, um grande número de pessoas negras ainda é privado do direito ao voto – especialmente se estão ou já estiveram na prisão.

Além disso, mesmo quem obteve direitos aos quais não tinha acesso anteriormente não alcançou, como consequência disso, emprego, educação, moradia e assistência à saúde.

A campanha pelos direitos civis de meados do século XX foi um momento fundamental de nossa luta por igualdade racial, mas é importante desenvolver um vocabulário que nos ajude a reconhecer que os direitos civis não foram nem são toda a questão. Tal análise do racismo seria útil a quem comemora a decisão tomada ontem pela Suprema Corte em relação ao casamento igualitário como se a última barreira da justiça para as comunidades LGBTQ tivesse sido transposta. De fato, a decisão é histórica, mas continuam as lutas contra a violência estatal homofóbica, [pelos] direitos econômicos, assistência à saúde etc. E, mais importante, se a interseccionalidade das lutas contra o racismo, a homofobia e a transfobia for minimizada, jamais obteremos vitórias significativas em nosso combate por justiça. Esse é mais um motivo pelo qual é indispensável desenvolvermos um vocabulário mais rico e crítico com o qual expressar nossas percepções em relação ao racismo.

A inabilidade para compreender a complexidade do racismo pode levar a suposições de que há, por exemplo, um fenômeno independente que podemos chamar de "crime de pessoas negras contra pessoas negras" que não tem nenhuma relação com o racismo. Por isso, o desenvolvimento de novas formas de pensar sobre o racismo exige que nós tenhamos não só uma compreensão das estruturas econômicas, sociais e ideológicas, mas também das estruturas psíquicas coletivas. Um dos principais exemplos da violência do racismo consiste na criação de gerações do povo negro que não aprenderam a imaginar o futuro – e que agora não estão de posse da educação e da imaginação que lhes permitem visualizar o futuro. Essa é uma violência que leva a outras formas de violência – violência contra crianças; violência contra cônjuges; violência contra pessoas amigas... Em nossa família e nossa comunidade, com frequência damos continuidade, inconscientemente, à ação de forças mais amplas do racismo, supondo que essa violência seja individual e *sui generis*.

Se a popularização de análises mais complexas sobre o racismo – especialmente aquelas que têm sido desenvolvidas no contexto dos feminismos negro e das minorias étnicas – pode nos ajudar a compreender o quanto a violência racista [está] enraizada nas estruturas econômicas e ideológicas de nosso país, essas maneiras de falar sobre o racismo poderão contribuir para o entendimento do alcance global de nossas lutas. O envolvimento de pessoas palestino-estadunidenses

nos protestos de Ferguson foi complementado por manifestações de solidariedade de ativistas palestinas e palestinos da Cisjordânia e da Faixa de Gaza. A luta
de Ferguson nos ensinou que as questões locais têm ramificações globais. A
militarização da polícia de Ferguson e os conselhos tuitados por ativistas da Palestina ajudaram a reconhecer nosso parentesco político com o movimento por
boicote, desinvestimento e sanções e com a luta mais ampla por justiça na Palestina. Além disso, chegamos à compreensão do papel central representado pela
islamofobia no surgimento de novas formas de racismo como consequência do
11 de Setembro de 2001.

A compreensão profunda da violência racista nos dá munição contra soluções
enganosas. Quando nos dizem que precisamos apenas de uma polícia melhor e
de prisões melhores, reagimos com aquilo de que realmente precisamos. Precisamos reinventar a segurança, o que envolve a abolição do policiamento e do
aprisionamento da forma como os conhecemos. Diremos para desmilitarizar a
polícia, desarmar a polícia, abolir a instituição da polícia como a conhecemos
e abolir o aprisionamento como forma dominante de punição. Mas teremos
apenas começado a dizer a verdade sobre a violência nos Estados Unidos.

8

FEMINISMO E ABOLICIONISMO: TEORIAS E PRÁTICAS PARA O SÉCULO XXI

Discurso realizado como conferência pública anual do Center for the Study of Race, Politics and Culture em colaboração com o Center for the Study of Gender and Sexuality* na Universidade de Chicago (4 de maio de 2013)

Permitam-me dizer que esta é a primeira vez em muitos anos que passo um período prolongado em Chicago, quer dizer, quatro dias – quatro dias inteiros. E, se ontem e hoje eu me senti na Chicago que sempre conheci, terça-feira e quarta-feira foram os dias mais bonitos que vivi nesta cidade! [Risos.] E comecei a pensar: "Posso morar aqui!", até que ontem o vento e o frio retornaram. Mas ainda gosto de Chicago.

É maravilhoso estar aqui, independentemente da estação do ano. Esta cidade incrível tem tanta história de luta. É a cidade dos mártires de Haymarket**, a cidade dos sindicatos radicais, a cidade da resistência aos assassinatos de Fred Hampton e Mark Clark pela polícia. É a cidade do ativismo porto-riquenho contra o colonialismo. É a cidade de ativistas pelos direitos de imigrantes. E, como se sabe, é a cidade do Chicago Teachers Union [Sindicato de Docentes de Chicago].

Há alguns anos, Chicago foi a cidade que reavivou um movimento nacional de apoio a Assata Shakur, e lembro que Lisa Brock, Derrick Cooper, Tracye Matthews, Beth E. Richie, Cathy Cohen e outras pessoas convocaram uma campanha renovada pela defesa dos direitos e da vida de Assata Shakur. Anteontem, 2 de maio de 2013, passados quarenta anos de quando Assata foi

---

* Respectivamente, Centro para o Estudo de Raça, Política e Cultura e Centro para o Estudo de Gênero e Sexualidade. (N. T.)

** Referência aos oito anarquistas acusados, sem provas, de ter atirado a dinamite que matou sete policiais e quatro civis em uma manifestação por direitos trabalhistas ocorrida em 4 de maio de 1886, que acabou ficando conhecida como Massacre de Haymarket. (N. E.)

ferida a tiros pela polícia do Estado de Nova Jersey e falsamente acusada de assassinar o policial da força estadual Werner Foerster, ela se tornou a primeira mulher a ser incluída na lista de terroristas mais procurados pelo FBI.

Por que, devemos questionar, foi necessário dar um rosto de mulher ao terrorismo, especialmente após o trágico atentado a bomba na maratona de Boston? Por que foi necessário dar ao terrorismo o rosto de uma pessoa negra, especialmente depois das notícias iniciais de que o responsável pelo atentado em Boston era um homem negro ou, se não um homem negro, ao menos um homem de pele escura vestindo moletom com capuz – o fantasma de Trayvon Martin?

Assata não representa a ameaça que tem sido apresentada pelo FBI, alguém prestes a cometer um ato como o atentado a bomba na maratona de Boston. Assata certamente não é terrorista. Mas, se ela não cometeria nem está em condições de cometer atos de violência contra o governo dos Estados Unidos, o fato de que o FBI decidiu anunciar com grande alarde que agora ela é a única mulher na lista de terroristas mais procurados deveria nos levar a imaginar qual pode ser a agenda subjacente.

E eu devo dizer que me solidarizo particularmente com Assata porque, há 43 anos, fui incluída na lista das dez pessoas mais procuradas pelo FBI, e parte de vocês deve ter visto o recente documentário* sobre meu julgamento, que mostra o presidente Richard Nixon parabenizando o FBI aberta e cerimoniosamente por me capturar e, ao mesmo tempo, me classificar como terrorista. Por isso, conheço as perigosas consequências desse processo de classificação ideológica.

O fato de que isso esteja acontecendo quarenta anos depois da primeira prisão de Assata deveria nos dar motivos para refletir. Antes de tudo, lembra-nos que há muito trabalho do século XX que ficou a ser feito. Em especial para aquelas pessoas entre nós que se identificam como defensoras da paz; da justiça racial, sexual e de gênero; de um mundo que não seja mais mutilado pela destruição do capitalismo.

Quatro décadas nos distanciam dos anos 1960, que são universalmente lembrados como uma era de ativismo radical e revolucionário. A distância histórica, no entanto, não nos exime da responsabilidade de defender e de realmente libertar quem desejava e ainda deseja dar a vida para que possamos construir um mundo livre do racismo, da guerra imperialista, do sexismo, da homofobia e da exploração capitalista.

---

*   *Libertem Angela Davis*. Direção de Shola Lynch, 2012. (N. E.)

Por isso, eu gostaria de salientar que as memórias individuais não duram tanto quanto as memórias das instituições, especialmente daquelas de repressão. O FBI ainda é assombrado pelo fantasma de J. Edgar Hoover. A CIA e a Polícia de Imigração e Alfândega são instituições que têm memórias ativas e vívidas das lutas de massa organizadas para extirpar o racismo, para colocar fim à guerra, para derrubar o capitalismo.

Mas Leonard Peltier continua atrás das grades. Mondo we Langa e Ed Poindexter estão presos há cerca de quarenta anos. Sundiata Acoli, camarada de Assata, está na prisão. Herman Bell, Veronza Bowers e Romaine Fitzgerald seguem atrás das grades, e meu corréu Ruchell Magee está preso há cerca de cinquenta anos, meio século. Dois dos Três de Angola, Herman Wallace e Albert Woodfox, ainda estão na prisão, confinados em solitárias. E, é óbvio, Mumia Abu-Jamal, embora tenha sido retirado do corredor da morte (e isso foi uma vitória do povo), permanece atrás das grades.

Da mesma maneira que o governo dos Estados Unidos – e isso é irônico – aponta Assata como terrorista e lança um convite aberto a qualquer pessoa para capturá-la e trazê-la de volta ao país, há muitos mercenários treinados pela Blackwater e outras empresas de segurança privada que provavelmente vão querer resgatar a recompensa de 2 milhões de dólares. O governo dós Estados Unidos mantém em prisões deste país cinco cubanos que tentaram evitar ataques terroristas a Cuba. Eles investigavam o terrorismo e foram, por sua vez, acusados de terrorismo. Eu me refiro aos Cinco Cubanos – libertem os Cinco Cubanos!

Agora, o ataque a Assata incorpora a lógica do próprio terrorismo de que falsamente a acusaram. O que poderiam esperar realizar, além de levar as novas gerações de ativistas a recuar por medo? O FBI, parece-me, tenta persuadir as pessoas que são netas da geração de Assata – minha também – a se afastar das lutas para colocar fim à violência policial, para desmantelar o complexo industrial-prisional, para colocar fim à violência contra as mulheres, para colocar fim à ocupação da Palestina, para defender os direitos de imigrantes aqui e no exterior.

E acho que vocês aqui em Chicago deveriam suspeitar particularmente das representações de Assata como assassina de policiais. As mãos dela estavam erguidas quando ela foi ferida a tiros nas costas, o que paralisou temporariamente o braço que ela teria usado para sacar a arma. Vocês deveriam desconfiar, porque, de acordo com a Chicago Alliance Against Racist and Political Repression [Aliança contra a Repressão Racista e Política de Chicago], 63 pessoas foram assassinadas pelo Departamento de Polícia de Chicago nos últimos quatro anos. E outras 253 pessoas foram feridas a tiros, sendo 172 negras e 27 latinas.

Vocês deveriam ter *muitas* suspeitas, porque, à medida que mais jovens recebem o título de descartáveis, à medida que mais jovens se tornam parte do excedente populacional que só pode ser gerenciado por meio do aprisionamento, as escolas – que poderiam começar a resolver os problemas da descartabilidade – estão sendo fechadas. De acordo com Karen Lewis, que é uma das líderes mais incríveis de nossa época, cerca de 61 escolas desta cidade terão as atividades encerradas.

Essa é uma boa maneira de trazer à cena a discussão sobre feminismo e abolicionismo, que eu considero teorias e práticas essenciais para o século XXI. Assata Shakur exemplifica, nas lutas e nas teorias feministas, o modo como as representações das mulheres negras e do envolvimento delas nas lutas revolucionárias combateram concepções ideológicas dominantes sobre as mulheres.

Na verdade, no fim do século XX houve inúmeros debates sobre como definir a categoria "mulher". Houve diversas lutas a respeito de quem estava incluída e quem estava excluída dessa categoria. E essas lutas, creio, são centrais para compreender por que houve certa resistência por parte das mulheres de minorias étnicas e também por parte das mulheres brancas pobres e da classe trabalhadora para se identificar com o movimento feminista emergente. Muitas de nós consideramos que o movimento daquela época era excessivamente branco e, em especial, excessivamente burguês, de classe média.

Em alguns sentidos, a luta pelos direitos das mulheres foi ideologicamente definida como uma luta pelos direitos das mulheres brancas de classe média, expulsando mulheres pobres e da classe trabalhadora, expulsando mulheres negras, latinas e de outras minorias étnicas do campo do discurso coberto pela categoria "mulher". As muitas contestações dessa categoria ajudaram a produzir o que viemos a chamar de "teorias e práticas feministas radicais das mulheres de minorias étnicas".

No exato momento em que essas questões eram levantadas, questões sobre a universalidade da categoria "mulher", preocupações sobre a categoria "ser humano" eram debatidas, em especial em relação ao individualismo subjacente aos discursos sobre direitos humanos. Como essa categoria poderia ser repensada? Não apenas para abarcar pessoas africanas, indígenas e outras de origem não europeia, mas também para que pudesse ser aplicada a grupos e comunidades, não apenas a indivíduos. Então, o lema "os direitos das mulheres são direitos humanos" começou a emergir, na esteira de uma magnífica conferência que ocorreu em 1985, em Nairóbi, Quênia.

Creio que há algumas pessoas na plateia que estavam presentes naquela conferência, estou certa? Ok, vejo algumas mãos por aí, ótimo. Foi uma reunião magnífica.

Naquela conferência houve, pela primeira vez, uma delegação bastante grande de mulheres de minorias étnicas dos Estados Unidos. E acho que foi a primeira vez que mulheres de minorias étnicas dos Estados Unidos participaram ativamente na arena internacional. O problema era que muitas de nós pensávamos, então, que o que precisávamos fazer era expandir a categoria "mulher" para que abarcasse as mulheres negras, as mulheres latinas, as mulheres indígenas, e assim por diante. Pensávamos que, ao fazer isso, teríamos tratado do problema de exclusividade da categoria de modo efetivo. O que nós não percebemos na época foi que teríamos de reescrever toda a categoria, não simplesmente incorporar mais mulheres em uma categoria inalterada do que significa "mulher".

Alguns anos antes, em 1979, uma mulher branca chamada Sandy Stone trabalhava na gravadora feminista Olivia Records. Parte de vocês deve se lembrar da Olivia Records. Essa mulher foi duramente criticada por algumas autodenominadas feministas lésbicas por não ser uma mulher de verdade e por trazer energia masculina a espaços de mulheres. Na verdade, Sandy Stone era uma mulher trans, que mais tarde escreveu alguns dos textos germinais para o desenvolvimento dos estudos sobre transgeneridade. Essa mulher não era considerada mulher porque lhe foi atribuída a designação de gênero "masculino" quando nasceu. Mas isso não impediu que depois ela afirmasse uma identidade de gênero muito diferente.

Permitam-me avançar até o momento presente, quando ativistas e pessoas da academia se envolvem com questões relativas ao abolicionismo prisional e à não conformidade de gênero e produzem algumas das teorias mais interessantes, algumas das ideias e das abordagens mais relevantes para o ativismo.

Mas, antes que eu siga por essa linha de pensamento, permitam-me comentar de passagem que hoje de manhã tive a oportunidade de comparecer a um colóquio muito empolgante sobre o tema dos hospitais psiquiátricos e das prisões, organizado pelo professor Bernard Harcourt do departamento de ciência política. Podemos aplaudi-lo. E ouvi duas brilhantes apresentações de Michael Rembis e Liat Ben-Moshe. Gostaria que vocês tivessem tido a possibilidade de ouvir suas

falas. Com frequência, pressupõe-se que problemas como o encarceramento psi-
quiátrico e o aprisionamento de pessoas com deficiências intelectuais e de desenvolvimento são marginais. Entretanto, o que acontece é justamente o contrário.
Como tais palestrantes enfatizaram, há muito a aprender sobre o potencial de
desencarceramento e de abolição das prisões, sobre as possibilidades de abolir o
complexo industrial-prisional, se observarmos de perto a desinstitucionalização
dos hospitais e das instituições psiquiátricas.

Isso dito, o que quero fazer é abordar outra questão e luta que, infelizmente, muitas vezes é considerada marginal para a luta mais ampla do abolicionismo prisional.

Para retomar aquelas contestações históricas em torno da categoria "mulher",
avancemos até o momento presente. Visitemos a região da baía de São Fran-
cisco, onde moro, e uma organização chamada Transgender, Gender Variant
and Intersex Justice Project [Projeto Justiça para as Pessoas Transgêneras, Va-
riantes de Gênero e Intersexuais; TGIJP, na sigla original]. Trata-se de uma
organização liderada por mulheres de minorias étnicas, por mulheres trans de
minorias étnicas. A diretoria executiva é ocupada por uma mulher que se chama Miss Major. E, sim, vou contar a Miss Major que ela foi muito aplaudida
em Chicago; isso é particularmente importante, porque ela foi criada no bair-
ro de South Side, não muito longe daqui. Ela descreve a si mesma como uma
idosa negra, transgênera homem para mulher e ex-presidiária, nascida e criada
no South Side de Chicago e ativista veterana. Ela participou da revolta de
Stonewall*, em 1969. E disse que, no entanto, não era realmente politizada
até a rebelião da prisão de Attica. Outro dia, eu estava conversando com ela e
descobri que quem fez com que ela se engajasse politicamente foi Big Black,
um dos réus de Attica e meu amigo íntimo até o fim de sua vida. Frank Smith
era conhecido como Big Black, um dos líderes da rebelião de Attica, que, mais
tarde, venceu uma ação judicial contra o estado de Nova York relacionada ao
caso. Miss Major o conheceu na prisão. Ela disse que ele não apenas aceitava
totalmente sua identidade de gênero como a orientou em diversas questões que
dizem respeito às relações entre racismo, imperialismo e capitalismo.

---

* Em 28 de junho de 1969, a polícia invadiu o bar Stonewall Inn, em Nova York, que era fre-
quentado pela comunidade LGBT. As pessoas tomaram as ruas, e os confrontos com a polícia
duraram até o dia 1º de julho. A revolta é considerada não só a origem do Dia do Orgulho
LGBT, como um marco no fortalecimento e na politização do movimento pelos direitos das
pessoas LGBT. (N. T.)

O TGIJP é uma organização de base que inclui, defende e intercede em favor principalmente de mulheres trans e de mulheres trans de minorias étnicas. Essas mulheres têm de batalhar por sua inclusão na categoria "mulher" de um modo que não difere das lutas anteriores das mulheres negras e das mulheres de minorias étnicas que foram designadas com o gênero feminino ao nascer. Além disso, elas têm desenvolvido o que vejo como uma abordagem profundamente feminista, que faríamos bem em compreender e reproduzir.

Miss Major diz que prefere ser chamada de Miss Major em vez de Ms. Major*, porque, como mulher trans, ela ainda não é liberada. O trabalho do TGIJP é profundamente feminista, porque é realizado na intersecção entre raça, classe, sexualidade e gênero e porque se desloca de uma abordagem focada nas situações individuais de integrantes de sua comunidade – que constituem as pessoas *mais* assediadas por agentes da lei, as *mais* frequentemente detidas e encarceradas – para questões mais amplas sobre o complexo industrial-prisional. Mulheres trans de minorias étnicas vão principalmente para prisões masculinas – em especial quando não se submeteram à cirurgia de redesignação sexual, e muitas delas não desejam realizá-la. Às vezes, mesmo quando passaram pelo procedimento, acabam sendo colocadas em prisões masculinas. Depois de serem presas, com frequência recebem um tratamento mais violento por parte de agentes prisionais que as demais pessoas presas e, além disso, são discriminadas pela instituição como alvos da violência masculina. Tanto é que policiais costumam fazer piadas sobre o destino sexual das mulheres trans nas prisões masculinas para as quais são geralmente enviadas. As prisões masculinas são representadas como locais violentos. Mas percebemos, especialmente ao observar a situação das mulheres trans, que essa violência é muitas vezes encorajada pelas próprias instituições.

Muita gente aqui conhece o caso de CeCe McDonald, de Minneapolis, que foi acusada de assassinato após se deparar com um grupo que a insultou com gritos racistas, homofóbicos e transfóbicos, todos ao mesmo tempo. Agora ela está em uma prisão masculina em Minnesota, cumprindo uma

---

*   *Miss* (senhorita, em português) é um termo utilizado para designar mulheres solteiras, em oposição a *Mrs.*, para mulheres casadas. Já o termo *Ms.* (senhorita ou senhora, em português) é empregado para mulheres independentemente de seu estado civil. Essa acepção foi popularizada pelo feminismo estadunidense nos anos 1960 e 1970 para indicar a libertação da mulher da condição de "propriedade" de um homem. Sheila Michaels é considerada responsável por difundir esse significado do termo, que inspirou o título da revista feminista estadunidense *Ms.* (N. T.)

sentença de três anos e meio. Mas, além dessa violência, as mulheres trans costumam ter negados seus tratamentos hormonais, mesmo que tenham prescrições médicas válidas.

O que quero dizer é que aprendemos muito sobre a dimensão do sistema prisional, sobre a natureza do complexo industrial-prisional, sobre a extensão do abolicionismo quando examinamos as lutas pessoais de detentas e detentos trans, especialmente mulheres trans. O mais importante de tudo isso, e é algo central para o desenvolvimento de teorias e práticas feministas abolicionistas, talvez seja a necessidade de aprendermos a pensar, agir e lutar contra o que é ideologicamente estabelecido como "normal". As prisões são estabelecidas como "normais". É muito trabalhoso persuadir as pessoas a pensar para além das grades, a imaginar um mundo sem prisões, a lutar pela abolição do aprisionamento como forma predominante de punição.

Nesse contexto, podemos nos perguntar: por que as mulheres trans – em especial as mulheres trans negras, que dificilmente passam sem ser reconhecidas – são consideradas desvios tão distantes da norma? Elas são consideradas desvios da norma por quase todas as pessoas da sociedade.

E, sim, nós aprendemos muito sobre gênero ao longo das décadas passadas. Suponho que quase todas as pessoas no campo dos estudos feministas leram *Problemas de gênero*, de Judith Butler*. Mas vocês também devem ler o livro mais recente de Beth Richie, uma obra incrível intitulada *Arrested Justice: Black Women, Violence and America's Prison Nation* [Justiça interrompida: mulheres negras, violência e a nação prisional dos Estados Unidos]. Observem principalmente a descrição que ela faz do caso das Quatro de Nova Jersey, quatro jovens lésbicas negras que circulavam por Greenwich Village por diversão, mas acabaram presas porque se defenderam da violência masculina. Essa violência se consolidou ainda mais pelo fato de que elas se viram representadas na mídia como uma "alcateia lésbica". Vemos aí que raça, gênero e não conformidade sexual podem levar à bestialização racista! O que é um ataque, como um de meus alunos, Eric Stanley, salienta em sua dissertação, não apenas contra seres humanos, mas também contra os animais.

O TGIJP é uma organização abolicionista. Preconiza uma dialética entre a prestação de serviços e a defesa do abolicionismo. Assim, o TGIJP promove um tipo de feminismo que nos encoraja a ser flexíveis, que nos alerta a não nos

---

* Ed. bras.: trad. Renato Aguiar, Rio de Janeiro, Civilização Brasileira, 2017. (N. E.)

apegarmos demais a nossos objetos, sejam eles objetos de estudo – digo isso às pessoas da academia aqui presentes –, sejam eles objetos de nossa mobilização – digo isso a ativistas aqui presentes.

O TGIJP nos mostra que esses objetos podem se tornar algo totalmente diferente em função de nosso trabalho. Ele nos mostra que, de muitas maneiras, o processo de tentar se incluir em uma categoria existente contraria os esforços para produzir resultados radicais ou revolucionários. E nos mostra não apenas que não devemos tentar incluir as mulheres trans em uma categoria que se mantém inalterada, mas que a categoria em si precisa mudar para que não simplesmente reproduza ideias normativas sobre quem pode ou não ser considerada mulher.

Contudo, por extensão, há outro aprendizado: não se apegue demais ao conceito de gênero. Porque, na verdade, quanto mais de perto o examinamos, mais descobrimos que ele está enraizado em um leque de construções sociais, políticas, culturais e ideológicas. Não é uma coisa só. Não há uma definição única, e certamente o gênero não pode ser descrito de forma adequada como estrutura binária em que o "masculino" é um polo, e o "feminino", o outro.

Assim, levar mulheres trans, homens trans, intersexuais e muitas outras formas de não conformidade de gênero para o conceito de gênero é algo que subverte radicalmente as suposições normativas do próprio conceito de gênero.

Quero compartilhar com vocês esta maravilhosa citação de Dean Spade, que eu soube que discursou ontem:

> Em meu entendimento, um esforço central de ativistas feministas, *queer* e trans tem sido desmantelar as ideologias culturais, as práticas sociais e as normas legais que dizem que certas partes do corpo determinam a identidade de gênero, as características e os papéis sociais de gênero. Nós lutamos contra a ideia de que a presença de úteros, ovários, pênis ou testículos deve ser compreendida como determinante de aspectos pessoais, como inteligência, papel parental adequado, aparência física adequada, identidade de gênero adequada, papel profissional adequado, parcerias e atividades sexuais adequadas e capacidade de tomar decisões. Temos confrontado afirmações médicas e científicas que asseguram a suposta saúde dos papéis e das atividades de gênero tradicionais que promovem a patologização dos corpos que desafiam essas normas. Continuamos a trabalhar para desfazer mitos de que as partes do corpo de alguma maneira fazem de nós quem somos (e nos tornam "piores" ou "melhores" do que outras pessoas, dependendo daquilo que temos).

Ativistas trans que atuam na academia estão realizando alguns dos trabalhos mais interessantes sobre abolicionismo prisional. Por isso, quero mencionar três livros recentes escritos por ativistas que se dedicam a pesquisas acadêmicas e que se envolveram com a política abolicionista trans. Um deles é uma fantástica antologia editada por Eric Stanley e Nat Smith, intitulada *Captive Genders: Trans Embodiment and the Prison Industrial Complex* [Gêneros cativos: corporeidade trans e o complexo industrial-prisional]. Andrea Ritchie, Kay Whitlock e Joey Mogul acabam de publicar a coletânea *Queer (In)Justice: The Criminalization of LGBT People in the United States* [(In)justiça *queer*: a criminalização de pessoas LGBT nos Estados Unidos]. E Dean Spade, que citei – ele é tão incrivelmente prolífico, não posso entender como escreve todos esses livros e esses artigos e está sempre na linha de frente de manifestações mundo afora –, recentemente publicou um livro intitulado *Normal Life: Administrative Violence, Critical Trans Politics, and the Limits of Law* [Vida normal: violência administrativa, política trans crítica e os limites do direito].

Esses três textos são feministas não tanto porque abordam um objeto feminista – embora racismo, complexo industrial-prisional, criminalização, prisão, violência e direito sejam todos objetos que o feminismo deveria analisar, criticar e combater por meio da luta –, mas principalmente por causa de suas metodologias. E as metodologias feministas podem ajudar de maneiras fundamentais pessoas dedicadas à pesquisa, à academia, ao ativismo e à mobilização.

O processo de descoberta do que parece ser um aspecto relativamente menor e marginal da categoria – ou que luta para entrar na categoria, de modo que possa, basicamente, acabar com ela – esclarece muito mais do que a simples observação das dimensões normativas da categoria. E, vocês sabem, pessoas da academia são treinadas para temer o inesperado, mas ativistas também sempre querem ter uma ideia muito nítida de nossas trajetórias e nossos objetivos. Em ambas as instâncias, queremos *controle*. Queremos controle, de forma que muitas vezes nossos projetos no ativismo e na academia são formulados apenas para reafirmar o que já sabemos. Mas isso não é interessante. É entediante. Então, como permitir surpresas e como torná-las produtivas?

Permitam-me fazer um comentário paralelo, porque de várias maneiras isso envolve a criação a partir do elemento surpresa. Quando estava no ensino médio, eu realmente adorava *square dance**. [Risos.] Sim, eu amava aquilo! E

---

*   Dança tradicional dos grupos colonizadores dos Estados Unidos. Sempre ao som de uma banda, quatro pares realizam uma sequência de passos que é anunciada por um narrador ou uma narradora. (N. T.)

mais tarde, na época do movimento de libertação negra, alguém me disse que "as pessoas negras não participam de *square dance*! Por que você está dançando? Pessoas negras não participam de *square dance*!". E, mais recentemente, deparei-me com a [banda] Carolina Chocolate Drops, que é incrível. Mas também me deparei com o relato que quero compartilhar com vocês, a respeito de uma narradora de *square dance* aqui de Chicago. Acho que o nome dela é Saundra Bryant, li isso em algum site. A narradora de *square dance* contou ter recebido um telefonema de alguém que queria que ela narrasse a dança para seu clube. Ela disse: "Está bem, vou olhar minha agenda". Mas a pessoa prontamente exclamou: "Antes de você olhar sua agenda, é bom que você saiba que somos um clube de *square dance* gay". Então, ela rapidamente replicou: "Bem, antes de olhar minha agenda, é bom que você saiba que eu sou uma narradora de *square dance* negra". Assim, naquele momento, a *square dance* se tornou uma dança ao mesmo tempo negra e gay, o que provavelmente também mudou algo em relação à *square dance*.

Vocês podem pensar que fiz uma digressão, mas na verdade não, porque quero enfatizar a importância de abordar tanto nossas explorações teóricas quanto o ativismo de nosso movimento, de modo a ampliar, expandir, complicar e aprofundar nossas teorias e nossas práticas libertárias.

O feminismo envolve muito mais do que a igualdade de gênero. E envolve muito mais do que gênero. O feminismo deve envolver a consciência em relação ao capitalismo – quer dizer, o feminismo a que me associo. E há múltiplos feminismos, certo? Ele deve envolver uma consciência em relação ao capitalismo, ao racismo, ao colonialismo, às pós-colonialidades, às capacidades físicas, a mais gêneros do que jamais imaginamos, a mais sexualidades do que pensamos poder nomear. O feminismo não nos ajudou apenas a reconhecer uma série de conexões entre discursos, instituições, identidades e ideologias que tendemos a examinar separadamente. Ele também nos ajudou a desenvolver estratégias epistemológicas e de organização que nos levam além das categorias "mulher" e "gênero". As metodologias feministas nos impelem a explorar conexões que nem sempre são aparentes. E nos impulsionam a explorar contradições e descobrir o que há de produtivo nelas. O feminismo insiste em métodos de pensamento e de ação que nos encorajam a uma reflexão que une coisas que parecem ser separadas e que desagrega coisas que parecem estar naturalmente unidas.

Hoje, o que se supõe é que, uma vez que as populações transgêneras e não conformistas de gênero são relativamente pequenas (por exemplo, em um sistema prisional que, nos Estados Unidos, constitui quase 2,5 milhões de pessoas e, nos presídios e prisões do mundo, mais de 8 milhões de pessoas), por que deveriam receber tanta atenção? Mas as abordagens feministas a respeito das prisões e, de fato, do complexo industrial-prisional, sempre insistiram que quando observamos, por exemplo, as mulheres presas, que também são um percentual muito reduzido em todo o mundo, aprendemos não apenas sobre as mulheres nas prisões, mas entendemos muito mais sobre o sistema como um todo do que se olhássemos exclusivamente para os homens nas prisões. Dessa forma, uma abordagem feminista também insistiria tanto no que podemos aprender e transformar em relação a pessoas trans e não conformistas de gênero presas quanto no que esse conhecimento e esse ativismo nos dizem sobre a natureza da punição em uma escala ampliada – sobre o próprio aparato da prisão.

É verdade que não podemos começar a pensar na abolição das prisões fora de um contexto antirracista. Também é verdade que o abolicionismo prisional abarca ou deveria abarcar a abolição do policiamento de gênero. Esse processo revela a violência epistêmica – e as pessoas aqui presentes que se dedicam aos estudos feministas sabem do que eu estou falando – inerente ao binarismo de gênero na sociedade como um todo.

Por isso, situar o feminismo em um quadro abolicionista, e vice-versa – situar o abolicionismo em um quadro feminista –, significa que levamos a sério a velha máxima feminista de que "o pessoal é político". O pessoal é político – todo mundo se lembra disso, certo? O pessoal é político. Podemos seguir o exemplo de Beth Richie ao pensar em como é perigoso o modo pelo qual a violência institucional da prisão complementa e amplia a violência íntima da família, a violência individual do ataque físico e da agressão sexual. Também questionamos se o encarceramento de pessoas que cometem crimes faz algo além de reproduzir a mesma violência que essas pessoas supostamente cometeram. Em outras palavras, a criminalização permite que o problema persista.

Parece-me que as pessoas que trabalham na linha de frente do combate à violência contra a mulher também deveriam estar na linha de frente das lutas abolicionistas. E as pessoas que se opõem aos crimes policiais deveriam se opor também à violência doméstica – o que é construído como doméstico. Devemos compreender as conexões entre a violência pública e a violência privada ou privatizada.

Há uma dimensão filosófica feminista nas teorias e nas práticas abolicionistas. O pessoal é político. Há uma profunda força relacional que liga as lutas contra as instituições e as lutas para reinventar nossa vida pessoal e nos remodelarmos. Sabemos, por exemplo, que muitas vezes replicamos as estruturas da justiça retributiva em nossas próprias reações emocionais. Quando alguém nos ataca, verbalmente ou de outra maneira, qual é nossa resposta? Um contra-ataque. Os impulsos retributivos do Estado estão inscritos em nossas próprias reações emocionais. O político se reproduz por meio do pessoal. Essa é uma descoberta feminista – uma descoberta feminista de inflexão marxista – que talvez revele certa influência de Foucault. É uma descoberta feminista que diz respeito à reprodução das relações que permitem a existência de algo como o complexo industrial-prisional.

A população aprisionada não poderia ter chegado a quase 2,5 milhões de pessoas nos Estados Unidos sem nosso consentimento implícito. E nem sequer reconhecemos o fato de que as instituições psiquiátricas com frequência são parte importante do complexo industrial-prisional; tampouco reconhecemos a intersecção entre o complexo industrial-farmacêutico e o complexo industrial-prisional.

Contudo, o ponto que estou levantando é que, se tivéssemos organizado uma resistência mais forte nos anos 1980 e 1990, durante a era Reagan-Bush e durante a era Clinton, não enfrentaríamos tamanho monstro hoje.

Tivemos de desaprender muito ao longo de algumas das últimas décadas. Tivemos de tentar desaprender o racismo – e não estou falando apenas das pessoas brancas. Pessoas de minorias étnicas tiveram de desaprender a presumir que o racismo é individual, que é principalmente uma questão de atitudes individuais a ser contornadas pelo treino da sensibilidade.

Vocês lembram que, há cerca de cinco anos, Don Imus chamou o time feminino de basquete da [Universidade] Rutgers de "prostitutas de cabelo ruim"? Cinco anos depois, ele está reabilitado! Mas é óbvio que isso não compensa o fato de que Troy Davis está morto, de que a vida dele foi tirada pela mais racista de todas as instituições, a pena de morte. Não há terapia psicológica suficiente nem treinamentos em grupo que possam lidar de modo eficaz com o racismo neste país, a menos que também comecemos a desmantelar as estruturas do racismo.

As prisões são a encarnação do racismo. Como Michelle Alexander salienta, elas constituem a nova [segregação] Jim Crow*. E também muito mais; como a espinha dorsal do complexo industrial-prisional, representam a crescente

---

* Ed. bras.: *A nova segregação: racismo e encarceramento em massa* (trad. Pedro Davoglio, São Paulo, Boitempo, 2018). (N. E.)

lucratividade da punição. Representam a estratégia cada vez mais global de lidar com populações de minorias étnicas e de imigrantes de países do Sul global como populações excedentes, descartáveis.

Coloquem-nas, todas, em uma imensa lata de lixo, acrescentem algum tipo de tecnologia eletrônica sofisticada para controlá-las e deixem que definhem ali. Ao mesmo tempo, criem a ilusão ideológica de que a sociedade ao redor está mais segura e mais livre porque pessoas negras, latinas, indígenas e asiáticas perigosas, pessoas brancas perigosas e, decerto, pessoas muçulmanas perigosas estão trancadas!

Enquanto isso, as corporações lucram, e as comunidades pobres padecem! A educação pública padece! A educação pública padece porque não é lucrativa, segundo parâmetros corporativos. A saúde pública padece. Se a punição pode ser lucrativa, então a assistência à saúde também deve ser lucrativa. Isso é completamente ultrajante! É ultrajante.

Também é ultrajante que o Estado de Israel utilize as tecnologias carcerárias desenvolvidas para as prisões dos Estados Unidos não apenas para controlar mais de 8 mil pessoas palestinas presas por razões políticas em Israel, mas também para controlar a população palestina como um todo.

Essas tecnologias carcerárias, como o muro de separação [na Cisjordânia] – que nos faz lembrar do muro na fronteira entre Estados Unidos e México –, entre outras, são a concretização material do *apartheid* israelense.

A organização G4S, a corporação G4S, que lucra com o encarceramento e a tortura de pessoas palestinas presas, tem uma subsidiária chamada G4S Secure Solutions, que era conhecida anteriormente como Wackenhut. E, há bem pouco tempo, uma subsidiária *dessa* corporação, o GEO Group, que administra prisões privadas, tentou reivindicar direitos de nome na Universidade Atlântica da Flórida por meio da doação de algo em torno de 6 milhões de dólares, certo? Estudantes se rebelaram. Disseram que seu estádio de futebol não receberia o nome de uma corporação de prisões privadas! E venceram. Venceram, e o nome foi retirado da marquise.

Da Califórnia, ou Texas, ou Illinois, a Israel e à Palestina ocupada, então de volta à Flórida, não deveríamos ter permitido que isso acontecesse. Não deveríamos ter permitido que isso acontecesse ao longo das últimas três décadas. E não podemos permitir que isso continue hoje.

E permitam-me dizer que eu realmente amo as novas gerações de jovens estudantes, trabalhadores e trabalhadoras. Duas gerações depois da minha –

dizem que às vezes a revolução pula uma geração. Mas essa geração que foi pulada também trabalhou duro! Se vocês, que estão na faixa dos quarenta anos, não tivessem feito o trabalho que fizeram, não teria sido possível que a nova geração surgisse. E o que eu mais gosto na geração mais nova é que ela está realmente informada a respeito do feminismo. Mesmo que não saiba disso, mesmo que não admita isso! Ela está informada sobre as lutas contra o racismo. Não está contagiada pela homofobia emocionalmente nociva que tem estado entre nós há tanto tempo. E ela está assumindo a liderança na contestação da transfobia, juntamente com o racismo e a islamofobia. Por isso, gosto de trabalhar com pessoas jovens, porque elas possibilitam que eu imagine como é não sentir tanto o peso de décadas de ideologia opressiva.

Agora, tenho só mais algumas coisas a dizer. Sei que já ultrapassei meu tempo e peço desculpas. Mas tenho só mais uma página de anotações. [Risos.]

Então, permitam-me falar que o casamento igualitário é cada vez mais aceito graças, exatamente, às pessoas jovens. Mas muitas delas também nos fazem lembrar que devemos contestar a lógica de assimilação da luta pelo casamento igualitário! Não podemos supor que, uma vez que pessoas de fora são autorizadas a entrar no círculo da instituição burguesa heteropatriarcal do casamento, a luta foi vencida.

A história das inter-relações entre feminismo e abolicionismo não tem propriamente um fim. E nesta conversa nós apenas começamos a explorar algumas de suas dimensões. Mas, se não cheguei ao fim dessa história, certamente cheguei ao fim do tempo de minha fala. Então, quero deixar para Assata Shakur a última palavra desta noite. Há alguns anos, ela escreveu:

> Neste momento, não estou tão preocupada comigo. Todas as pessoas têm de morrer um dia, e tudo o que quero é partir com dignidade. Estou mais preocupada com a pobreza crescente, o desespero crescente que predomina nos Estados Unidos. Estou mais preocupada com as novas gerações, que representam nosso futuro. Estou mais preocupada com o crescimento do complexo industrial-prisional, que está novamente escravizando nosso povo. Estou mais preocupada com a repressão, a brutalidade policial, a violência, o crescimento da onda de racismo que compõem o cenário político nos Estados Unidos hoje. Nossa juventude merece um futuro, e considero um mandato ancestral ser parte da luta para garantir que ela o tenha.

9

ATIVISMO POLÍTICO E PROTESTO DOS ANOS 1960 À ERA OBAMA

Discurso realizado na Davidson College
(12 de fevereiro de 2013)

Muito obrigada e boa noite a vocês. Antes de tudo, é um prazer e uma honra estar aqui na Davidson College para colaborar com vocês na celebração do Mês da História Negra. Sempre saúdo a oportunidade de vir à Carolina do Norte porque passei muitos anos de minha própria trajetória como ativista trabalhando neste estado.

Por isso, antes de tudo, deixem-me dizer que o Mês da História Negra cai em fevereiro, e as pessoas costumavam reclamar porque é o mês mais curto do ano, mas há motivos para honrarmos a história negra nesse mês, incluindo o aniversário de Frederick Douglass. Devo dizer também que, desde que começamos a celebrar o aniversário de Martin Luther King em meados de janeiro, estendemos as comemorações de fevereiro, de modo que agora temos pelo menos um mês e meio. E quem entre nós reconhece o papel essencial desempenhado pelas mulheres negras na luta pelos direitos das mulheres neste país continua a festejar a história negra durante o Mês da História das Mulheres, o que significa que agora são dois meses e meio de reconhecimento específico da história negra. Nada mal.

A história negra, seja aqui na América do Norte, seja na África, seja na Europa, sempre esteve impregnada de um espírito de resistência, um espírito ativista de protesto e transformação. Por isso, fico feliz em ser convidada a abordar o tema do protesto e da transformação social dos anos 1960 até o presente.

Quando celebramos a história negra, o objetivo principal não é representar as pessoas negras que foram pioneiras e, individualmente, romperam barreiras ao desempenhar diversos papéis nas muitas áreas historicamente fechadas às pessoas de minorias étnicas, embora seja fundamental reconhecer esse pioneirismo. Mas, antes, comemoramos a história negra, creio, porque são séculos de luta pela conquista e pela ampliação da liberdade para todas as pessoas. Assim, a história negra é verdadeiramente a história dos Estados Unidos, mas é também a história mundial. Há um motivo para a euforia que tomou o planeta quando Obama foi eleito, em 2008. O fato de que um homem negro que se identificava com o espírito da luta histórica pela libertação negra pudesse ser eleito presidente dos Estados Unidos era causa de alegria em todo o mundo, porque por toda a parte as pessoas se identificam com essa luta contínua pela liberdade ou com o que Cedric Robinson chama de "tradição radical negra".

É uma tradição que pode ser reivindicada por pessoas de todo o globo. Independentemente de raça, independentemente de nacionalidade, independentemente de localização geográfica. Além disso, a população negra estadunidense tem se beneficiado da solidariedade proveniente de todas as partes do mundo. Frederick Douglass viajou à Europa para obter apoio à abolição da escravidão. Ida B. Wells viajou para a Inglaterra, a Irlanda e a Escócia a fim de gerar apoio ao movimento contra os linchamentos. E o Canadá ofereceu um refúgio contra a escravidão. Quando a Lei de Pessoas Escravas Fugitivas impedia quem escapasse da escravidão de encontrar abrigo em qualquer lugar dentro dos Estados Unidos, a *Underground Railroad** foi estendida até o Canadá.

E podemos falar a respeito de casos como o dos Nove de Scottsboro. Minha mãe foi uma das muitas ativistas que se juntaram à luta para libertá-los nos anos 1930 e 1940. Uma campanha internacional foi criada, embora tenham se passado muitas décadas até que o último dos Nove de Scottsboro fosse libertado. Nos anos 1950, houve um episódio famoso na Carolina do Norte conhecido como o Caso do Beijo. Em 1958, em Monroe, Carolina do Norte, um menino negro de cerca de seis anos beijou uma menina branca com quem ele estava brincando e foi preso sob acusação de tentativa de estupro. Menciono esse caso não tanto por seu caráter espetacular, mas pela atenção dada pela mídia europeia, que, por fim, levou à libertação do menino. Há inúmeros exemplos de pessoas presas por razões políticas que se beneficiaram dos movimentos globais de solidariedade. Eu me incluo entre elas.

---

*   Sistema de rotas e abrigos secretos que eram utilizados para a fuga de escravas e escravos do sul para os estados livres do norte, o Canadá e o México. O sistema operava graças à ajuda de abolicionistas que conduziam e escondiam as pessoas em fuga. Harriet Tubman foi uma das condutoras da *Underground Railroad*. (N. T.)

Quando eu estava na prisão, existiam campanhas pelo mundo todo, literalmente. Na Ásia, na África, na América Latina, na Europa, na ex-União Soviética, na Alemanha – tanto a ocidental quanto a oriental. Vocês ouviram o professor Thomas Kaplan... A respeito do caso atual de Mumia Abu-Jamal, cujo drama gera mais discussão pública na Europa do que nos Estados Unidos. E, óbvio, a criação do Partido Panteras Negras prendeu a atenção da juventude por todo o país em um período muito curto; havia seções do Partido Panteras Negras em todas as grandes cidades dos Estados Unidos. E vocês terão a oportunidade de ouvir o dirigente do Partido Panteras Negras em Winston-Salem, creio que na próxima segunda-feira. Mas foram criados partidos em lugares como a Nova Zelândia, onde o povo maori, que lutava contra o racismo, fundou um Partido Panteras Negras. No Brasil, houve um Partido Panteras Negras. Em Israel, houve um Partido Panteras Negras.

Por isso, eu gostaria que pensássemos a respeito da ampla estrutura na qual se desenvolveram os protestos e as lutas pela libertação negra. Pessoas por todo o mundo se inspiraram no movimento pela liberdade negra para formar movimentos ativistas a fim de enfrentar condições de opressão em seu próprio país. Na verdade, vocês poderiam dizer que tem havido um relacionamento simbiótico entre as lutas no exterior e as lutas internas, um relacionamento de inspiração e de reciprocidade. A luta histórica pela liberdade na África do Sul foi inspirada em parte na luta histórica pela liberdade do povo negro nos Estados Unidos. A luta pela liberdade do povo negro nos Estados Unidos foi inspirada em parte na luta pela liberdade na África do Sul. Na verdade, eu lembro que, enquanto crescia na cidade mais segregada do país, Birmingham, Alabama, ouvi falar sobre a África do Sul, porque Birmingham era conhecida como a Joanesburgo do Sul. Martin Luther King se inspirou em Gandhi para se envolver em campanhas não violentas contra o racismo. E, na Índia, as pessoas *dalits*, antes conhecidas como intocáveis, e outros grupos que têm lutado contra o sistema de castas se inspiraram nas lutas da população negra dos Estados Unidos. Mais recentemente, a juventude palestina organizou as Freedom Rides [Viagens da Liberdade], retomando os eventos dos anos 1960 ao embarcar em ônibus segregados na Palestina ocupada, o que resultou em prisões, como aconteceu com Viajantes da Liberdade das populações negra e branca nos anos 1960. E anunciaram seu projeto de ser Viajantes da Liberdade da Palestina.

Sendo assim, gostaria de fazer uma reflexão sobre essa estrutura mais ampla na qual inserir a história negra. Quero expressar a preocupação de que nosso relacionamento coletivo com a história nos Estados Unidos tem sérias falhas. Penso que grande parte de vocês conhece a citação de William Faulkner, que vale repetir: "O passado nunca morre. O passado nunca morre. Nem sequer é passado". E, assim, vivemos com os fantasmas de nosso passado. Vivemos com os fantasmas da escravidão. E me pergunto por que, em 2013, não estamos comemorando intensamente os 150 anos da Proclamação de Emancipação. Vocês não acham isso estranho? Sei que Obama publicou uma declaração em 31 de dezembro encorajando as pessoas a celebrar o aniversário da Proclamação de Emancipação, mas não conheço ninguém que o tenha feito. Vocês conhecem? Então, também me pergunto o que estará em pauta para os 150 anos da aprovação da 13ª Emenda. Outro filme, talvez?

Por isso, quero insistir nesse tema de viver com os fantasmas de nossos passados. Foi-me solicitado falar sobre os movimentos de protesto dos anos 1960. Mas esses movimentos não teriam sido necessários – não teria sido preciso criar um movimento pela liberdade negra em meados do século XX – se a escravidão tivesse sido inteiramente abolida no século XIX. O que chamamos de "movimento pelos direitos civis", e que foi denominado pela maioria das pessoas que dele participaram de "movimento pela liberdade", revela um deslocamento interessante entre liberdade e direitos civis, como se os direitos civis tivessem colonizado todo o espaço da liberdade, de modo que a única maneira de ser livre seria conquistar direitos civis dentro da estrutura existente na sociedade. Se a escravidão tivesse sido abolida em 1863, por meio da Proclamação de Emancipação, ou em 1865, por meio da 13ª Emenda, a população negra teria usufruído de cidadania plena e igualitária, e não teria sido necessário criar um novo movimento.

Uma das épocas mais encobertas da história dos Estados Unidos é o período da Reconstrução radical. Foi certamente o período mais radical. Houve a eleição de pessoas negras para altos cargos públicos. Depois, tivemos de esperar mais de um século para que isso voltasse a acontecer. Houve o desenvolvimento da educação pública. As pessoas nos Estados Unidos ainda não estão cientes do fato de que pessoas que foram escravizadas levaram a educação pública para o sul. Que as crianças brancas do sul nunca teriam tido a oportunidade de receber educação se não fosse pelas contínuas campanhas por educação. Porque a educação era equivalente à libertação. Não há libertação sem educação. Então, houve o desenvolvimento econômico durante aquele breve período. Estou falando sobre o intervalo entre 1865 e 1877, a Reconstrução radical. Na verdade, muitas leis progressistas foram aprovadas quando havia pessoas negras no legislativo de vários estados, leis progressistas relacionadas também aos direitos das mulheres, não apenas a questões de raça.

Tenho pensado que, se realmente conseguíssemos comemorar os 150 anos da Proclamação de Emancipação, e temos mais alguns anos até os 150 anos da 13ª Emenda, todas as pessoas do país, do ensino médio à pós-graduação, deveriam ler *Black Reconstruction in America* [Reconstrução negra nos Estados Unidos], de W. E. B. Du Bois. Nos anos 1960, nós enfrentamos questões que deveriam ter sido resolvidas nos anos 1860. E levanto esse ponto, pois: o que acontecerá em 2060? As pessoas ainda enfrentarão essas mesmas questões? Também é importante pensarmos adiante e imaginarmos a história futura de um modo que não esteja restrito a nosso próprio tempo de vida. Muitas vezes as pessoas dizem: "Bem, se demorar muito, já terei morrido". E daí? Todas as pessoas morrem, certo? Se as pessoas que se envolveram na luta contra a escravidão – penso em figuras como Frederick Douglass, ou Ida B. Wells na luta contra os linchamentos – tivessem essa percepção individualista e bastante estreita a respeito de suas contribuições, como estaríamos hoje? Então, nós temos de aprender a imaginar o futuro em termos que não fiquem restritos a nosso tempo de vida.

Uma das coisas que fiz na Carolina do Norte nos anos 1970 foi travar uma batalha contra a Ku Klux Klan, porque a KKK de fato controlava esse estado. Eu estava contando para algumas pessoas durante o jantar que consigo me lembrar de quando havia grandes painéis dos Cavaleiros da Ku Klux Klan dando as boas-vindas a turistas em várias cidades, grandes e pequenas, da Carolina do Norte. E membros da KKK apareciam em público vestindo seus uniformes. Como eu disse no jantar, ajudei a organizar duas grandes marchas em Raleigh por meio de meu envolvimento com uma organização multirracial, a National Alliance Against Racist and Political Repression [Aliança Nacional contra a Repressão Racista e Política]. Tínhamos algumas pessoas brancas da organização frequentando bares da KKK a fim de reunir informações sobre o que a KKK planejava. Na verdade, tínhamos muito medo – dado seu histórico de violência contra pessoas negras, não apenas no passado, mas nos próprios anos 1960 e 1970 –, tínhamos medo de que nos elegessem como alvo.

Quando falamos da KKK como símbolo de toda uma estrutura racista, quando pensamos na segregação racial, em geral presumimos que ela tem origem na escravidão. Mas a Ku Klux Klan foi fundada depois da escravidão, certo? A segregação racial foi instituída após a escravidão, após a Reconstrução radical negra, em uma tentativa de administrar a população negra livre. Para as pessoas que haviam sido historicamente subjugadas e mantidas acorrentadas, o que significava, naquela época, ter a oportunidade de se expressar livremente? Bem, havia quem não quisesse ver isso. Havia quem quisesse trazer a escravidão de volta ao cenário. Mas muitas estratégias foram usadas no controle dos corpos negros livres.

Se essas estratégias – tais como a violência associada à Ku Klux Klan e o sistema de contratação de pessoas encarceradas, que criou a base para a indústria da punição atual – não tivessem sido implementadas, se isso não tivesse acontecido, a população negra livre teria sido muito mais bem-sucedida em exigir democracia para todas as pessoas nos Estados Unidos. As lutas dos anos 1960 teriam sido desnecessárias se a população negra tivesse conquistado cidadania plena após a escravidão. Mas, quando concentramos nossa atenção nas lutas do sul durante os anos 1950 e 1960, em especial quando pensamos no boicote aos ônibus em Montgomery, inevitavelmente evocamos Martin Luther King. Também pensamos em Rosa Parks, mas deveríamos dar atenção a Jo Ann Robinson, que escreveu o livro *The Montgomery Bus Boycott and the Women Who Started It* [O boicote aos ônibus em Montgomery e as mulheres que o iniciaram]. Por mais discursos que eu faça durante o Mês da História Negra, nunca me canso de encorajar as pessoas a lembrar que não foi um único indivíduo, nem dois, que criou aquele movimento; na verdade, foram principalmente mulheres em contextos coletivos, mulheres negras, mulheres negras pobres que eram arrumadeiras, lavadeiras e cozinheiras. Essas foram as pessoas que se recusaram coletivamente a tomar os ônibus.

Essas são as pessoas a quem temos de agradecer por imaginar um universo diferente e tornar possível que vivêssemos este tempo presente. Há também Claudette Colvin, que escreveu um livro maravilhoso, *Twice Toward Justice* [Duas vezes em direção à justiça]. Vocês deveriam lê-lo, porque Claudette Colvin se recusou a mudar de lugar e ir para o fundo do ônibus antes da ação de Rosa Parks. Claudette Colvin também foi presa antes. Vejam, pensamos em termos individuais e supomos que apenas pessoas heroicas podem fazer história. É por isso que gostamos de concentrar nossa atenção em Martin Luther King, que foi um grande homem, mas em minha opinião a grandeza dele residia justamente no fato de que ele aprendeu com o movimento coletivo. Ele se transformou em sua relação com aquele movimento. Ele não via a si mesmo como um indivíduo único que proporcionaria liberdade às massas oprimidas.

E, então, houve o ataque a bomba à Igreja Batista da Sixteenth Street. Acho que o maior significado simbólico das mortes de Carole Robertson, Cynthia Wesley, Addie Mae Collins e Denise McNair, que foram assassinadas naquela manhã de domingo em Birmingham, Alabama, está ligado ao apagamento da vida das meninas negras que, assim, não tiveram a oportunidade de crescer e se tornar mulheres comprometidas com a luta pela liberdade. E é interessante, porque, alguns meses antes de elas serem mortas, houve as marchas das crianças. Durante essas marchas em Birmingham, as crianças que enfrentaram a polícia, que enfrentaram bombeiros com seus jatos d'água de alta potência e seus cães, foram responsáveis por alguns dos momentos mais dramáticos de toda a campanha. As crianças estavam comprometidas com a justiça. Tudo isso é apagado quando você concentra a atenção de forma obsessiva em indivíduos isolados.

Dessa forma, permitam-me retornar a esse tema do movimento pela liberdade negra, o movimento pelos direitos civis. O movimento pela liberdade era amplo. Dizia respeito a transformar todo o país. Não tratava apenas da conquista de direitos civis dentro de uma estrutura que, em si, não mudaria. Tem havido uma tentativa de cooptar esse movimento com o propósito de criar uma memória histórica que se encaixe no quadro mais estreito dos direitos civis. E é óbvio que não estou sugerindo que os direitos civis não são importantes. Ainda há, no século XXI, muitos movimentos significativos por direitos civis. A luta pelos direitos de imigrantes é uma luta por direitos civis. A luta em defesa dos direitos de pessoas presas é uma luta por direitos civis. Em relação às comunidades LGBT, a luta pelo casamento igualitário é uma luta por direitos civis. Mas a liberdade é ainda mais ampla do que os direitos civis. E, nos anos 1960, algumas pessoas entre nós insistiram que não era apenas questão de adquirir direitos formais para participar plenamente da sociedade, e sim que era também sobre os quarenta acres e uma mula* que foram retirados da pauta abolicionista no século XIX. Era uma questão de liberdade econômica.

Era uma questão de liberdades concretas. Era uma questão de educação gratuita. Era uma questão de assistência à saúde gratuita. Moradia a preço acessível. Essas são questões que deveriam ter integrado a pauta abolicionista do século XIX, e cá estamos, no século XXI, ainda sem poder dizer que temos

---

* Referência à promessa de reforma agrária feita pela União durante os estágios finais da Guerra Civil – as terras dos grandes proprietários seriam confiscadas e distribuídas para a população escrava liberta, para que ela tivesse condição de se sustentar. (N. T.)

moradia e assistência à saúde a preços acessíveis – e a educação se tornou uma mercadoria. Foi tão completamente transformada em mercadoria que muitas pessoas nem sequer sabem conceber o próprio processo de obtenção de conhecimento, porque ele está subordinado à capacidade futura de ganhar dinheiro. Então, era uma questão de educação gratuita, de assistência à saúde gratuita e de moradia a preço acessível. Era uma questão de pôr fim à ocupação policial racista nas comunidades negras. Essas eram algumas das demandas levantadas pelo Partido Panteras Negras.

Moro em Oakland, Califórnia, cidade onde o Partido Panteras Negras foi criado, em 1966. Ainda temos problemas centrais relativos ao racismo policial, à violência policial. Recentemente, discursei em um evento pelo aniversário de dezessete anos de um jovem morto há pouco tempo pela polícia próximo a uma escola. Então, vamos recordar que Trayvon Martin também faria dezoito anos, certo? Quantas pessoas entre vocês conhecem o Programa dos Dez Pontos do Partido Panteras Negras?

Acho muito interessante que certos momentos da história da luta pela liberdade negra sejam facilmente incorporados em uma narrativa mais ampla de luta pela democracia neste país, enquanto outros momentos são ignorados por completo. Não creio que exista uma única pessoa nos Estados Unidos que não conheça o nome de Martin Luther King; provavelmente pouquíssimas pessoas no mundo desconhecem seu nome, e isso é maravilhoso. Permitam-me acrescentar que o novo monumento em Washington é de fato impressionante. Soube que vão remover a frase citada erroneamente, que diz: "Fui um arauto da justiça, da paz e da integridade". Na realidade, MLK disse: "Se quiserem dizer que fui um arauto, digam que fui um arauto da paz. Digam que fui um arauto da justiça, um arauto da integridade". Ainda assim, o monumento é de fato muito impressionante. Neste ano, no Dia de Martin Luther King, o dia da segunda posse de Obama, por acaso eu estava na capital, Washington, participando do Peace Inaugural Ball [Baile de Posse pela Paz], organizado por Andy Shallal, com Mos Def e Sweet Honey in the Rock. Quando o baile terminou, nós formamos um pequeno grupo e decidimos visitar o monumento. Não imaginei que eu me emocionaria tanto, mas foi bastante surpreendente observá-lo às duas e meia da manhã, quando não havia mais ninguém lá. Pudemos caminhar ao lado do paredão e ler as várias citações inscritas nele. Isso fez com que eu sentisse que de fato percorremos um longo caminho, mas, ao mesmo tempo, que regredimos muito. Como enfrentar essa contradição entre progredir e regredir simultaneamente? Menciono isso porque há um motivo pelo qual a maioria das pessoas nunca teve a oportunidade de conhecer o Programa dos Dez Pontos do Partido Panteras Negras, porque esses pontos, em grande medida, ainda estão em pauta. Podemos considerar encerrados aqueles aspectos da luta que foram incorporados à narrativa oficial sobre a democracia estadunidense. Então, as pessoas negras têm direitos civis. Não é mais necessário lutar por eles. Portanto, a luta pela liberdade pode ser relegada ao passado. Mas óbvio que isso é verdade.

Originalmente, eu havia planejado ler os dez pontos, mas vou pedir que perguntem ao Google, "Programa dos Dez Pontos do Partido Panteras Negras"; vocês verão, entre eles, "Queremos assistência à saúde completamente gratuita para todas as pessoas negras e oprimidas". Leiam esse item agora, em um momento em que as pessoas estão preocupadas com o programa de assistência à saúde apoiado por Obama, que suponho ser melhor do que nada... Embora não muito melhor do que nada. Vocês também encontrarão o ponto que diz: "Queremos liberdade para todas as pessoas negras e oprimidas atualmente mantidas nas prisões, nas penitenciárias e nas carceragens militares federais, estaduais, municipais e de comarcas dos Estados Unidos". Agora, sabemos que existem 2,5 milhões de pessoas atrás das grades, como o professor Kaplan salientou, e que, de acordo com Michelle Alexander, há mais pessoas negras encarceradas e sob o controle direto de agências correcionais na segunda década do século XXI do que pessoas escravizadas em 1850.

* * *

Os protestos sociais dos anos 1960 até o presente... Se enfrentamos dificuldades para lidar com a história ou para reconhecer de que maneira nos situamos em nossas histórias, esse conflito com a história também pode ser percebido no modo como, muitas vezes, nossas ações em massa atuais são submetidas a um processo midiático, um processo mediado, para que se tornem notícias obsoletas. De forma que algo que aconteceu recentemente, cerca de um ano atrás – o movimento Occupy –, é empurrado para o fundo de nossa memória histórica. Aquele movimento irrompeu com tal força e em um contexto que tinha conexões com acontecimentos no Egito, na Tunísia e na contraofensiva de trabalhadoras e trabalhadores do funcionalismo público em Wisconsin. Tão óbvias – essas conexões eram tão óbvias na época. E então havia acampamentos em todas as grandes cidades deste país, assim como em muitas cidades pequenas. E pelo mundo.

Tive pessoalmente a oportunidade de passar algum tempo em espaços Occupy na Filadélfia [gritos e aplausos] – imagino que haja pessoas da Filadélfia presentes –, em Nova York, em Oakland, onde fizemos uma incrível, incrível marcha para fechar os portos. E depois Berlim e Londres. O movimento Occupy tinha e ainda tem muito potencial. Por isso, quero que pensemos sobre sua promessa. Não podemos supor que, apenas porque as barracas não estão mais erguidas – embora elas ainda se mantenham em alguns lugares –, a luta dos 99% tenha sido desmantelada. Não é verdade que aprendemos muito durante aquele curto período de tempo? O movimento Occupy nos possibilitou falar sobre capitalismo de forma aberta, pública, o que não era possível desde os anos 1930. Assim, acho que precisamos celebrar essa nova possibilidade e reconhecer que ainda ocupamos um espaço político criado pelo movimento Occupy. Não devemos assumir a posição de que nada mais restou desde que as barracas saíram. Restou muito. Há muito ativismo, principalmente em relação aos despejos. E mais recentemente testemunhamos a reeleição de Barack Obama. A esta altura, todas as pessoas que talvez esperassem que Obama fosse o messias perceberam que ele é apenas o presidente dos Estados Unidos da América. Apenas o presidente dos Estados Unidos racistas e imperialistas da América. E, óbvio, desejamos que as coisas sejam melhores neste mandato, mas elas não melhorarão se não nos erguermos e não fizermos o trabalho que nos é exigido.

Aprendemos muito com essa eleição. Foi, na verdade, bastante incrível. Mais ainda do que a primeira. Na primeira eleição, a maioria das pessoas olhava, míope, o indivíduo que se candidatou, não é? Desta vez, muitas pessoas entre nós estavam realmente temerosas de que o candidato republicano vencesse, o que significaria um desastre no que diz respeito a questões políticas. Lembro-me de dizer para todas as pessoas: não vou dormir enquanto não ouvir o discurso de admissão da derrota de Romney. Eu me recordo que, em 2000, fui dormir pensando que Gore era o presidente eleito, mas quando acordei eu estava em um pesadelo de oito anos de duração. Óbvio, Romney nem sequer tinha escrito seu discurso de admissão da derrota; ele só tinha escrito o discurso da vitória, por isso demorou um pouco. Mas o que aprendemos foi que as pessoas – jovens, negras, latinas – não permitiram que as medidas para desencorajar o voto as influenciassem. As pessoas esperaram por cinco, seis, sete horas – em certos casos, elas ficaram na fila por sete horas. Vocês poderiam ter pensado que se tratava da primeira eleição da África do Sul livre. Não vamos nos esquecer de como essa eleição passada foi um fenômeno empolgante. Isso nos diz algo sobre os Estados Unidos e sobre o que somos capazes de conseguir.

Agora, vamos conversar sobre a assimetria de gênero: um número muito maior de mulheres do que de homens votou em Obama: 55% a 44%. Entre as mulheres negras, 96% votaram em Obama, contra 87% de homens negros. E 76% das latinas, contra 65% dos latinos. Mas, como eu disse, o que fazemos quanto ao fato de que a maioria de homens brancos votou em Romney? Isso é assustador. Realmente assustador. E também nos diz algo a respeito da persistência do racismo. Ao mesmo tempo, aprendemos que os homens brancos já não têm exclusividade no controle da pauta nacional. Essa é uma grande vitória! A propósito, se você é um homem branco, você não precisa necessariamente se identificar com esse coletivo "homens brancos" a respeito do qual estou falando.

Quero agora reiterar algumas coisas que eu disse anteriormente quanto à campanha pelos direitos de imigrantes. Antes de tudo, deixem-me dizer que – e esta é uma das grandes críticas que tenho em relação a Obama – acredito que, a esta altura, o campo de detenção da baía de Guantánamo já deveria ter sido fechado. E não deveríamos ter entrado no Afeganistão. Ao mesmo tempo, tento usar uma abordagem feminista que me permita trabalhar as contradições de modo que eu possa simultaneamente apoiar Obama e ser extremamente crítica a ele.

Entre outras coisas, sou crítica à forma como nosso discurso político se tornou tão superficial. Por exemplo, não podemos mais sequer falar sobre as pessoas da classe trabalhadora. Quando foi que todas as pessoas se tornaram "classe média"? E mesmo aquelas pessoas entre nós que realmente podem ser da "classe média" ainda podem se identificar com a classe trabalhadora. Há algo errado no fato de que não podemos mais falar sobre a classe trabalhadora. Eu estava comentando sobre tornar acessível o terreno discursivo para que sejamos capazes de falar a respeito do capitalismo; isso significa que temos de reintroduzir a classe trabalhadora em nossos discursos. As pessoas pobres – quer dizer, se não se pode falar sobre a classe trabalhadora, como falar sobre as pessoas pobres? Como falar sobre as pessoas desempregadas? Como falar sobre todas as pessoas que se tornaram parte das populações excedentes criadas pelo capitalismo global e pelos processos de desindustrialização que começaram a acontecer nos anos 1980? Por isso, também temos de falar sobre os direitos de imigrantes, porque tais direitos estão muito ligados a esse processo de globalização. Acho bom que Obama planeje lutar pelos direitos de imigrantes, mas a questão ultrapassa a Lei Dream*. Essa lei é importante, mas é uma pequena gota no oceano. Está longe de ser um passo inicial. E permitam-me dizer às pessoas que se opõem à Lei Dream porque ela oferece uma via de cidadania para pessoas que servem às Forças Armadas: novamente, você pode se opor às Forças Armadas e, ao mesmo tempo, apoiar a Lei Dream. Assim como você pode simultaneamente apoiar os direitos dos gays nas Forças Armadas e dizer que quer desmantelar o Pentágono.

Também o ativismo em torno de questões LGBT e, mais uma vez, não apenas em torno do casamento igualitário – não sei por que tudo começa a focar no casamento igualitário. Sabem, é verdade que o casamento igualitário é importante enquanto uma questão de direitos civis, mas precisamos ultrapassar a simples adoção de padrões heteronormativos para todas as pessoas que se identificam como parte da comunidade LGBT. Na verdade, o que havia de mais empolgante no movimento pelos direitos gays ao longo de sua fase feminista, eu diria, era sua crítica ao casamento, em especial porque a instituição do casamento foi usada de uma forma ideologicamente opressiva contra a população negra durante a escravidão. E, depois, vocês se lembram de quando Bush afirmou que o que as pessoas precisam é se casar? O que as pessoas negras pobres precisam fazer é se casar, e subitamente todos os seus problemas desaparecerão? Quando falo de uma crítica ao casamento, não estou falando de uma crítica às relações de intimidade, aos laços emocionais e aos vínculos que experimentamos com as pessoas com quem gostaríamos de passar a vida. Não é disso que estou falando. Estou falando da instituição enquanto uma instituição capitalista que é planejada para garantir a distribuição de propriedade.

Além disso, devemos incorporar a nosso ativismo estratégias para minimizar a islamofobia e a xenofobia. Defender as pessoas muçulmanas que estão sob sério ataque devido aos esforços para equiparar o Islã ao terrorismo. E mesmo pessoas que têm pouco a ver com o Islã estão ameaçadas. As pessoas siques, por exemplo, assassinadas porque seus turbantes têm sido erroneamente interpretados como muçulmanos. E, como eu disse antes, os direitos de imigrantes são muito importantes e não se limitam à Lei Dream nem a vias

---

* Lei dos Sonhos, em português. Trata-se da proposta de abrir uma via para que jovens imigrantes ilegais que chegaram aos Estados Unidos com menos de dezesseis anos e que passaram pelo menos cinco anos contínuos no país obtivessem a cidadania. A proposta implicava algumas contrapartidas, como cursar dois anos de universidade e servir às Forças Armadas. (N. T.)

para a cidadania; trata-se de acolher as pessoas que realizam grande parte do trabalho que fomenta a economia – o trabalho agrícola, a prestação de serviços –, pessoas que fazem o trabalho que a população negra costumava realizar. Isso deve ser considerado parte da história negra e parte da luta pela liberdade negra.

Se eu tivesse tempo, falaria sobre as questões relativas às deficiências físicas. Já ultrapassei meu tempo, por isso apenas mencionarei o que eu teria dito. Eu teria falado sobre a política de alimentação e a produção capitalista de alimentos, que provocou a doença de tantas pessoas e criou tanto sofrimento para muitos animais. Eu teria falado mais extensamente sobre a Palestina. E parece-me que, no século XXI, a luta pela liberdade negra é ampliada de muitas maneiras, e aquelas pessoas entre nós que se identificam com as lutas do povo negro pela liberdade nos Estados Unidos da América devem se identificar com nossas irmãs e irmãos da Palestina.

Por fim, independentemente da forma escolhida para nosso engajamento no ativismo progressista e transformador, há um princípio que precisamos ter em mente. Esse princípio está associado a Martin Luther King e deveria ser o lema de todos os movimentos: "A justiça é indivisível. A injustiça em qualquer lugar do mundo é uma ameaça à justiça em todo o mundo".

SOLIDARIEDADES TRANSNACIONAIS

**Discurso realizado na Universidade de Boğaziçi, Istambul, Turquia
(9 de janeiro de 2015)**

Hrant Dink continua sendo um poderoso símbolo da luta contra o colonialismo, o genocídio e o racismo. As pessoas que supõem ter sido possível erradicar seu sonho de justiça, paz e igualdade agora devem saber que, ao derrubá-lo, criaram inúmeros Hrant Dinks, já que gente em todo o mundo exclama "Eu sou Hrant Dink". Sabemos que sua luta por justiça e igualdade sobrevive. Os esforços contínuos para criar um ambiente intelectual popular no qual explorar o impacto contemporâneo do genocídio armênio são, creio, cruciais para a resistência global contra o racismo, o genocídio e o colonialismo de ocupação. O espírito de Hrant Dink sobrevive e se torna cada vez mais forte.

Estou muito contente porque me foi concedida a oportunidade de integrar a longa lista de ilustres palestrantes que homenagearam Hrant Dink. Posso dizer que também estou um pouco intimidada com essa perspectiva. Sei que aquelas pessoas entre vocês que transformaram em prática regular o comparecimento a estas palestras puderam ouvir Arundhati Roy, Naomi Klein, Noam Chomsky e Loïc Wacquant. Por isso, espero que eu esteja à altura das expectativas de vocês.

Permitam-me dizer também que estou muito contente, porque a celebração da vida e do trabalho de Hrant Dink me proporcionou a oportunidade de minha primeira visita à Turquia. É difícil acreditar que levei tantas décadas para conhecer este país, uma vez que tenho sonhado com Istambul desde que eu era muito jovem, principalmente depois que soube da influência das geografias, da política e da vida intelectual turcas, bem como desta mesma universidade, na formação de um amigo íntimo que marcou minha própria formação, James Baldwin. Também posso compartilhar com vocês que lembro que, quando era uma ativista muito jovem – e, à medida que envelheço, parece que também me torno mais jovem em minhas memórias e ideias –, li as palavras de Nâzim Hikmet e me senti inspirada por elas, como qualquer boa comunista daquela época. E posso dizer que, quando eu mesma estive presa, fui encorajada e incentivada por mensagens de solidariedade e por vários relatos de eventos organizados a meu favor aqui na Turquia. Como eu disse, não posso acreditar que esta seja minha primeira vez no país. Quando eu estava na pós-graduação, em Frankfurt, minha irmã fez uma incrível viagem para a Turquia, e agora poderei dizer a ela que finalmente a alcancei, cinquenta anos depois.

E, uma vez que esta é minha primeira visita à Turquia, eu gostaria de agradecer a quem se envolveu pessoalmente na campanha por minha liberdade naquela época, ou cujas mães e cujos pais, talvez avós e avôs, participaram do movimento internacional em minha defesa.

Acho que muito mais importante do que o fato de que estive na lista de dez pessoas mais procuradas pelo FBI – que é aplaudido nos dias de hoje, o que mostra a vocês o que acontece quando você vive tempo suficiente, o poder transformador da história – é a ampla campanha internacional que alcançou o que era considerado inalcançável. Quer dizer, contra todas as probabilidades, vencemos o confronto com as figuras mais poderosas dos Estados Unidos de então. Não nos esqueçamos de que Ronald Reagan era governador da Califórnia, Richard Nixon, presidente dos Estados Unidos, e J. Edgar Hoover, diretor do FBI.

Com frequência, as pessoas me perguntam como eu gostaria de ser lembrada. Minha resposta é que realmente não estou tão preocupada com o modo como as pessoas se lembrarão de mim enquanto pessoa. O que eu quero que as pessoas recordem é o fato de que o movimento que exigiu minha liberdade triunfou. Foi uma vitória contra obstáculos insuperáveis, ainda que eu fosse inocente; a suposição era que o poder daquelas forças era tão forte nos Estados Unidos que eu acabaria na câmara de gás ou passaria o resto da vida atrás das grades. Graças ao movimento, estou aqui com vocês hoje.

Minha relação com a Turquia tem sido formada por outros movimentos de solidariedade. Recentemente, tentei colaborar com os esforços em apoio às pessoas que contestaram as prisões tipo F aqui no país, incluindo aquelas que estavam presas e se juntaram aos jejuns da morte*. Também atuei nos esforços

---

* As prisões tipo F são penitenciárias de segurança máxima da Turquia, em que ficam detidas principalmente pessoas sentenciadas a longas penas por crimes considerados muito graves, alguns dos quais levavam à pena de morte, banida do país em 2002. Já os jejuns da morte foram greves para gerar solidariedade em torno do caso de Abdullah Öcalan e outras pessoas presas por razões políticas, como Pinar Selek.

Dado que meu relacionamento histórico com este país foi moldado por circunstâncias de solidariedade internacional, intitulei meu discurso de "Solidariedades transnacionais: resistindo ao racismo, ao genocídio e ao colonialismo de ocupação" com o objetivo de evocar futuros possíveis, potenciais circuitos de conexão entre movimentos de várias partes do mundo, especialmente nos Estados Unidos, na Turquia e na Palestina ocupada.

O termo "genocídio" em geral tem sido reservado a condições específicas definidas de acordo com a Convenção das Nações Unidas para a Prevenção e a Repressão do Crime de Genocídio, que foi adotada em 9 de dezembro de 1948, em consequência do flagelo fascista da Segunda Guerra Mundial. Algumas das pessoas aqui presentes provavelmente conhecem o texto da convenção, mas permitam-me compartilhá-lo:

> Qualquer dos seguintes atos, cometidos com a intenção de destruir, no todo ou em parte, um grupo nacional, étnico, racial ou religioso, tal como assassinato de membros do grupo; dano grave à integridade física ou mental de membros do grupo; submissão intencional do grupo a condições de existência que lhe ocasionem a destruição física total ou parcial; medidas destinadas a impedir os nascimentos no seio do grupo; e transferência forçada de menores do grupo para outro grupo.

Essa convenção foi aprovada em 1948, mas não foi ratificada pelos Estados Unidos até 1987, quase quarenta anos depois. Entretanto, apenas três anos após a aprovação do documento, uma petição foi submetida às Nações Unidas pelo Civil Rights Congress [Congresso dos Direitos Civis], dos Estados Unidos, denunciando o genocídio contra a população negra estadunidense. Essa petição foi assinada por luminares como W. E. B. Du Bois, que na época estava sendo ameaçado pelo governo. E foi enviada à ONU, em Nova York, por Paul Robeson e, em Paris, pelo advogado de direitos civis William L. Patterson, que era então chefe do Congresso dos Direitos Civis. Ele era um homem negro membro do Partido Comunista, um advogado proeminente que havia defendido os Nove de Scottsboro. Quando retornou ao país, seu passaporte foi apreendido. Isso aconteceu na época em que comunistas e pessoas acusadas de comunismo estavam seriamente sob ataque.

---

de fome coletivas, que contaram com a participação de centenas de pessoas presas, ocorridas principalmente em 2001 como forma de protesto contra as condições nas prisões turcas. (N. T.)

Na introdução da petição, lê-se o seguinte:

Dos inumanos guetos negros das cidades estadunidenses, da monocultura do algodão no sul, resulta o histórico de assassinatos em massa baseados na raça, de vidas deliberadamente corrompidas e distorcidas pela criação intencional de condições para a morte prematura, a pobreza e a doença. É um histórico que clama por condenação, por um fim a essas terríveis injustiças que constituem uma violação diária e cada vez maior da Convenção das Nações Unidas para a Prevenção e a Repressão do Crime de Genocídio.

A introdução continua:

Sustentamos, portanto, que cidadãos e cidadãs da população negra dos Estados Unidos, vítimas de opressão, segregação, discriminação e há muito tempo alvos da violência, sofrem um genocídio como resultado de políticas consistentes, conscientes e unificadas de todos os departamentos do governo.

Então, o grupo prossegue, salientando que, em conformidade com a convenção, serão apresentadas evidências para provar o assassinato de alguns de seus membros. O grupo também aponta para homicídios cometidos pela polícia – isso em 1951 –, por gangues, pela Ku Klux Klan e por outros grupos racistas. Indica que a evidência diz respeito a milhares de pessoas que foram "espancadas até a morte, acorrentadas umas às outras, nos fundos dos gabinetes de xerifes, nas celas das prisões dos condados, em delegacias e nas ruas das cidades, que foram enquadradas e assassinadas por documentos fraudulentos e pela burocracia legal". O grupo destaca ainda que um número significativo de pessoas negras foi assassinado supostamente por, quando diante de uma pessoa branca, não usar o tratamento "senhor", não levantar o chapéu ou não abrir caminho.

Menciono essa petição histórica contra o genocídio, em primeiro lugar, porque uma denúncia como essa poderia ter sido feita na mesma época com base nos massacres de pessoas armênias, nas marchas da morte, no roubo de crianças e na tentativa de integrá-las à cultura dominante. Tive a oportunidade de ler o emocionante livro *My Grandmother: an Armenian-Turkish Memoir* [Minha avó: uma história de vida armênio-turca], de Fethiye Çetin. Tenho certeza de que todas as pessoas nesta sala leram o livro. Também descobri que nada menos do que 2 milhões de pessoas turcas têm ao menos uma avó ou um avô de origem armênia e que, por causa do racismo vigente, muitas pessoas foram impedidas de explorar suas próprias histórias familiares.

Ao ler *My Grandmother*, pensei na obra do antropólogo marxista francês Claude Meillassoux. Esse silêncio imposto à ancestralidade me lembrou do fato de que ele coloca o conceito de morte social no cerne de sua definição de escravidão. Ele definiu a pessoa escravizada como sujeita a uma espécie de morte social – como uma pessoa que não nasceu, *non née*. Sem dúvida, há um dano psíquico coletivo grave que é consequência de as pessoas não serem reconhecidas no contexto da própria ancestralidade. Nos Estados Unidos, as pessoas afrodescendentes de minha idade estão familiarizadas com essa sensação de não conseguir traçar a própria ancestralidade além de uma avó, como é meu caso. A privação da ancestralidade afeta o presente e o futuro. Sem dúvida, *My Grandmother* conta em detalhes o processo de limpeza étnica, a marcha da morte, os assassinatos cometidos por gendarmes, o fato de que, quando atravessava uma ponte, a avó da avó lançou dois de seus netos na água e se certificou de que eles haviam se afogado antes de se jogar também. Para mim, a cena ecoou as descrições históricas das mães escravas nos Estados Unidos que mataram suas crianças a fim de poupá-las da violência da escravidão. O romance *Amada**, de Toni Morrison, pelo qual ela recebeu o prêmio Nobel, é baseado em uma narrativa como essa, a de Margaret Garner.

Também invoco a petição contra o genocídio de 1951 porque muitas das condições descritas ali continuam a existir nos Estados Unidos. Essa análise nos ajuda a compreender em que medida, nos Estados Unidos, a violência racista contemporânea do Estado está profundamente enraizada em histórias de genocídios, incluindo, é óbvio, a colonização genocida de povos indígenas que habitavam as Américas. Um livro recente do historiador Craig Wilder** trata do modo como as universidades da Ivy League, que são conhecidas mundialmente – se você menciona o nome Harvard, ele é reconhecido quase em todos os lugares –, Harvard, Yale, Princeton etc., foram estabelecidas e estão profundamente implicadas na instituição da escravidão. Mas ele descobre – e em minha opinião esse talvez seja o aspecto mais importante da pesquisa – que não é possível contar a história da escravidão e do ensino universitário nos Estados Unidos sem contar, ao mesmo tempo, a história da colonização genocida de populações indígenas no país.

---

* Ed. bras.: trad. José Rubens Siqueira, São Paulo, Companhia das Letras, 2007. (N. E.)

** *Ebony and Ivy: Race, Slavery, and the Troubled History of America's Universities* (Nova York, Bloomsbury, 2013). (N. E.)

É fundamental atentar para as implicações metodológicas mais amplas de tal abordagem. Nossas histórias nunca transcorrem isoladamente. Não podemos contar de fato aquelas que consideramos ser nossas histórias sem conhecer as outras narrativas. E, com frequência, descobrimos que essas outras narrativas são, na verdade, nossas próprias narrativas. Esse é o conselho da socióloga feminista negra Jacqui Alexander: "Conheçam as narrativas de suas irmãs". Trata-se de um processo dialético que nos exige recontar nossas narrativas constantemente, revisá-las, recontá-las e relançá-las. Desse modo, não podemos fingir que não conhecemos as conjunturas de raça, classe, etnicidade, nacionalidade, sexualidade e capacidade.

Não posso determinar como as pessoas turcas – descobri nesses dias que estou aqui (na verdade, esta é apenas a metade de meu terceiro dia no país) que é melhor fazer referência às "pessoas que moram na Turquia". Não posso determinar como vocês lidam com o passado imperial deste país. Mas sei, porque aprendi isso com Hrant Dink, Fethiye Çetin e outras pessoas, que tem de ser possível falar livremente, tem de ser possível comprometer-se com a liberdade de expressão. Os processos de limpeza étnica, inclusive as chamadas trocas populacionais no fim do Império Otomano, que impuseram formas inconcebíveis de violência a tantas populações – grega, síria e, sem dúvida, armênia –, devem ser reconhecidos nos registros históricos. Mas o diálogo público sobre esses acontecimentos e sobre as histórias do povo curdo neste lugar deve acontecer antes que qualquer transformação social real possa ser imaginada, quanto mais viabilizada.

Digo que nos Estados Unidos estamos em desvantagem em relação a isso, porque não sabemos falar sobre o genocídio infligido aos povos indígenas. Não sabemos falar sobre escravidão. De outro modo, não se teria pressuposto que com a mera eleição de um homem negro para a presidência poderíamos dar um salto rumo à era pós-racial. Nós não reconhecemos que vivemos em uma terra colonizada. E, enquanto isso, os povos indígenas vivem em condições de pobreza nas reservas, com taxas extremamente elevadas de encarceramento – na verdade, a maior taxa de encarceramento *per capita* – e sofrendo de modo desproporcional de doenças como alcoolismo e diabetes. Enquanto isso, times esportivos ainda zombam dos povos indígenas com nomes racialmente derrogatórios, como o Washington Redskins [Peles vermelhas]. Não sabemos falar sobre escravidão, exceto, talvez, dentro de um referencial de vítima e abusador que continua a polarizar e a incriminar.

Mas posso dizer que cada vez mais a juventude ativista está aprendendo a reconhecer as intersecções dessas narrativas, os modos como elas se cruzam e se sobrepõem. Portanto, quando tentamos desenvolver uma análise da persistência da violência racista, voltada em grande parte contra os homens negros jovens, sobre os quais temos ouvido falar muito nos últimos tempos, não podemos nos esquecer de contextualizar tal violência.

Aqui na Turquia, vocês estão cientes de que no outono e no verão passados, em Ferguson, Missouri, por todo o país – Nova York, Washington, Chicago, costa oeste – e, aliás, em outras partes do mundo, as pessoas saíram às ruas coletivamente anunciando que se recusariam a consentir com a violência racista do Estado. As pessoas tomaram as ruas, dizendo: "Sem justiça, sem paz, não à polícia racista". E, indo contra as ações de rotina da polícia e apesar do conluio de promotores e promotoras de justiça com a polícia, o povo vem dizendo que vidas negras importam. As vidas negras importam. E tomaremos as ruas e ergueremos nossa voz até que tenhamos certeza de que a mudança está em pauta. No outono, as redes sociais foram inundadas por mensagens de solidariedade de todo o mundo, não apenas relativas ao fato de o policial que matou Michael Brown em Ferguson, Missouri, não ter sido indiciado, mas também em resposta à decisão do grande júri no caso de Eric Garner [na cidade de Nova York]. Essas demonstrações, que aconteceram por toda a parte, deixaram explícito que há um enorme potencial relativo à formação de solidariedades transnacionais.

Por um lado, isso significa que talvez tenhamos recebido a oportunidade de sair do individualismo em que nos instalamos nesta era neoliberal. A ideologia neoliberal leva a nos concentrarmos nos indivíduos, em nós, nas vítimas individuais, nos indivíduos que cometem crimes. Mas como é possível resolver o problema maciço da violência racista do Estado apontando policiais individuais para que carreguem o peso dessa história e supor que, ao processá-los, ao impor-lhes nossa vingança, teríamos de algum modo progredido na erradicação do racismo? Não faz sentido imaginar que essas enormes manifestações de solidariedade por todo o mundo sejam centradas apenas no fato de que policiais individuais não foram processados. Não estou sugerindo que os indivíduos não devam ser responsabilizados. Cada pessoa que participa de um ato tão violento de racismo, de terror, deve responder por isso. O que estou dizendo é que temos de adotar projetos que se voltem para as condições sócio-históricas que possibilitam atos como esses.

Já faz algum tempo que tenho estado envolvida nos esforços para abolir a pena de morte e o aprisionamento como as principais formas de punição. Devo dizer que não é apenas por empatia com as vítimas da pena capital e as vítimas da prisão, que são esmagadoramente de minorias étnicas. É porque essas formas de punição não funcionam. Essas formas de punição não funcionam, se você levar em consideração que a maioria das pessoas na prisão está ali porque a sociedade falhou com elas, porque elas não tiveram acesso a educação, emprego, moradia ou assistência à saúde. Mas permitam-me dizer que a criminalização e o aprisionamento não podem resolver outros problemas.

Também não resolvem o problema da violência sexual. O "feminismo carcerário", termo que começou a circular recentemente – os feminismos carcerários, ou seja, os feminismos que reivindicam a criminalização e o encarceramento de pessoas envolvidas na violência de gênero –, faz o trabalho do Estado. Os feminismos carcerários fazem o trabalho do Estado de modo tão seguro quanto enfatizam a violência e a repressão estatais como solução para o heteropatriarcado e, mais especificamente, para a agressão sexual. Mas isso também não funciona para quem tem envolvimento direto no trabalho repressivo do Estado. Por mais que algumas pessoas que atuam como policiais estejam sob a influência do racismo que criminaliza as comunidades de minorias étnicas – e essa influência não se limita às pessoas brancas; pessoas negras e de outras minorias étnicas também estão sujeitas ao modo como o racismo define estruturalmente o trabalho da polícia –, não partiu desses indivíduos a ideia de agir assim. Por isso, ao simplesmente focar no indivíduo, como se fosse uma aberração, nós nos engajamos inadvertidamente no processo de reprodução da mesma violência que presumimos contestar.

Como superamos esse referencial que se concentra sobretudo em indivíduos que cometeram violência? No caso de Michael Brown, em Ferguson, Missouri, descobrimos rapidamente a militarização da polícia por causa das imagens de seus uniformes militares, de seus veículos militares e de suas armas militares. A militarização da polícia nos Estados Unidos, das forças policiais em todo o país, foi realizada em parte com a ajuda do governo israelense, que tem compartilhado seu treinamento com as forças policiais de todo o país desde o período imediatamente posterior ao 11 de Setembro. Na realidade, Timothy Fitch, chefe de polícia do condado de St. Louis – cenário em que se deu a violência de Ferguson, que é uma pequena cidade do condado de St. Louis –, recebeu treinamento em "contraterrorismo" em Israel. Xerifes e chefes de polícia dos condados de todo o país, agentes do FBI e especialistas em bombas têm viajado a Israel para assistir aulas de combate ao terrorismo.

O ponto que levanto é que, embora a violência policial racista, particularmente contra pessoas negras, tenha uma história muito longa, que vem desde os tempos da escravidão, o atual contexto é decisivo. E, quando examinamos os modos como as teorias e as práticas do terrorismo e do contraterrorismo têm reproduzido e agravado o racismo, começamos a antever as possibilidades de alianças políticas que nos levarão rumo às solidariedades transnacionais. O interessante durante os protestos de Ferguson, no verão passado, foi que ativistas da Palestina perceberam, a partir das imagens que viram nas redes sociais e na televisão, que as bombas de gás lacrimogêneo que estavam sendo usadas em Ferguson eram exatamente as mesmas lançadas na Palestina ocupada. Na verdade, uma empresa estadunidense chamada Combined Systems, Inc. imprime "CTS" (Combined Tactical Systems [Sistemas Táticos Combinados]) em suas bombas de gás lacrimogêneo. Quando ativistas da Palestina reconheceram esses artefatos em Ferguson, tuitaram conselhos para as pessoas que realizavam os protestos sobre como lidar com o gás. Sugeriram, entre outras coisas: "Não fiquem muito longe da polícia. Se vocês estiverem perto, ela não poderá usar o gás lacrimogêneo", porque também sentiria o efeito. Houve uma série de comentários de fato interessantes para jovens ativistas de Ferguson, que provavelmente enfrentavam o gás pela primeira vez na vida. Não tinham necessariamente a experiência que nós, ativistas da geração mais velha, temos.

Tento aqui sugerir que há relações entre a militarização da polícia nos Estados Unidos, que nos oferece um contexto diferente para analisar a contínua e persistente proliferação da violência policial racista, e a permanente agressão contra as pessoas na Palestina ocupada, na Cisjordânia e, em especial, em Gaza, dada a violência militar imposta à população no verão passado.

Também quero incluir na conversa uma das mais conhecidas prisioneiras políticas da história dos Estados Unidos. O nome dela é Assata Shakur. Hoje, Assata mora em Cuba, onde vive desde os anos 1980. Não faz muito tempo, ela foi incluída entre os dez terroristas mais perigosos do mundo. E já que foi mencionado que eu estive na lista de dez pessoas mais procuradas pelo FBI, eu gostaria que vocês refletissem sobre o que motivaria a decisão de colocar essa mulher, Assata Shakur, em tal lista. Vocês podem ler a história de vida dela. Sua autobiografia* é

---

*   Assata Shakur, *Assata: an Autobiography* (Londres, Zed, 2014). (N. E.)

fascinante. Ela foi acusada falsamente, de forma fraudulenta, de uma série de crimes. Nem sequer vou mencioná-los. Vocês podem ler sobre isso na biografia dela. Ela foi inocentada de todas as acusações, exceto da última. Escrevi o prefácio da segunda edição de sua autobiografia. Assata, que na verdade é alguns anos mais jovem do que eu, está com quase setenta anos agora. Ela tem levado uma vida produtiva em Cuba, estudando, ensinando e se dedicando à arte. Então, por que o Departamento de Segurança Interna decidiu, de repente, que ela está entre os dez terroristas mais procurados do mundo?

Em minha opinião, essa criminalização retroativa dos movimentos de libertação negra do fim do século XX por meio do ataque a uma das líderes da época, que foi tão sistematicamente perseguida, é uma tentativa de dissuadir as pessoas de se envolverem na luta política radical de hoje. É por isso que sou sempre cautelosa quanto ao uso do termo "terrorista". Sou cautelosa por saber que temos suportado uma história de terror não reconhecido. Como alguém que cresceu na cidade mais segregada do sul, minhas primeiras lembranças são de bombas explodindo do outro lado da rua em que minha família morava, apenas porque uma pessoa negra havia comprado uma casa. Na verdade, sabíamos a identidade das pessoas da Ku Klux Klan que bombardeavam casas e igrejas. Vocês devem ter ouvido falar do ataque a bomba à Igreja Batista da Sixteenth Street, que aconteceu em 1963, no qual quatro meninas, que eram muito próximas a minha família, morreram. Mas vocês devem saber que aquele não foi um evento isolado. Ataques a bomba aconteciam o tempo todo. Por que aquele não é reconhecido como um período de terror? Por isso, sou realmente cautelosa em relação ao uso desse termo, porque quase sempre existe uma motivação política.

Permitam-me dizer, no momento em que me encaminho para a conclusão de minha fala, que quero ser um pouco mais específica quanto à importância da teoria e da análise feministas. Não falo apenas às mulheres na plateia, porque acho que o feminismo fornece orientação metodológica para todas as pessoas comprometidas com a pesquisa e o trabalho de mobilização ativista sérios. As abordagens feministas nos encorajam a desenvolver compreensões sobre as relações sociais, cujas conexões costumam ser inicialmente apenas intuídas . Todas as pessoas conhecem o lema "O pessoal é político" – não significa apenas que aquilo que vivenciamos no nível pessoal tenha profundas implicações políticas, mas que nossa vida interior, nossa vida emocional, são em grande medida informadas pela ideologia. Com frequência, fazemos o trabalho do Estado em nossa vida interior e por meio dela. Aquilo que muitas vezes supomos fazer parte de nosso ser mais íntimo e de nossa vida emocional foi produzido em outro lugar e tem sido convocado a realizar a tarefa do racismo e da repressão.

Algumas pessoas entre nós sempre insistiram em estabelecer conexões, em termos do trabalho com as prisões, entre as agressões contra as mulheres presas e o projeto mais amplo de abolir o aprisionamento. E esse projeto mais amplo nos exige compreender onde nos situamos em relação aos esforços de solidariedade transnacional. Isso significa que temos de analisar múltiplas dimensões de nossa vida – as relações sociais, os contextos políticos –, mas também nossa vida interior. É interessante que nesta era de capitalismo global as corporações tenham aprendido a fazer isto: acessar aspectos de nossa vida que muitas vezes nos levam a manifestar nossos sonhos mais íntimos em termos de mercadorias capitalistas. Por isso, internalizamos o valor de troca de maneira que seria totalmente inimaginável para os autores de *O capital**. Mas esse é um assunto para outra palestra.

O que quero salientar é que as megacorporações nitidamente compreenderam as formas pelas quais questões que muitas vezes consideramos discrepantes estão associadas. Uma dessas corporações, a G4S, que é a maior na área de segurança do mundo – e cito a G4S porque tenho certeza de que tentará se aproveitar da situação atual da França de um modo que evoca a análise de Naomi Klein sobre o capitalismo de desastre –, como algumas pessoas aqui provavelmente sabem, tem desempenhado um papel fundamental na ocupação israelense da Palestina: administrando prisões, envolvendo-se na tecnologia dos postos de controle. E também esteve envolvida na morte de imigrantes sem documentação. O caso de Jimmy Mubenga é importante. Ele foi assassinado por agentes de vigilância da G4S na Grã-Bretanha ao ser deportado para Angola. A G4S opera prisões privadas na África do Sul. É a maior empregadora corporativa no continente africano. A G4S, essa megacorporação que está envolvida no controle acionário e na operação de prisões, que fornece armas a exércitos e segurança a estrelas do rock, também opera centros de apoio para mulheres vítimas de abusos e para "meninas em risco". Menciono isso porque

---

*   Ed. bras.: Karl Marx, *O capital: crítica da economia política*, Livro I: *O processo de produção do capital*; Livro II: *O processo de circulação do capital*, editado por Friedrich Engels; Livro III, *O processo global da produção capitalista*, editado por Friedrich Engels (São Paulo, Boitempo, 2013-2017). (N. E.)

parece que essa corporação compreendeu a conexão de uma forma que deveríamos ter compreendido há muito tempo.

Falando em megacorporações, ouvi dizer que estudantes fizeram um protesto bem-sucedido contra a Starbucks. É hoje o último dia em que a Starbucks funcionará neste *campus*? Aleluia. Principalmente porque o café turco é de longe superior ao que a Starbucks pode aspirar oferecer.

Meu último exemplo também diz respeito aos Estados Unidos, mas reflete uma epidemia global da qual nenhum país está isento. Refiro-me à violência sexual, ao assédio sexual, à agressão sexual. A violência nos relacionamentos afetivos íntimos* não está dissociada da violência do Estado. Onde as pessoas que cometem violência em seus relacionamentos afetivos aprendem as práticas violentas? Quem ensina a elas que a violência é aceitável? Mas isso, obviamente, é outra questão. Quero lembrar o caso de uma jovem chamada Marissa Alexander. Vocês conhecem os nomes Michael Brown e Eric Garner. Acrescentem o nome de Marissa Alexander a essa lista, uma jovem negra que se viu obrigada a chegar a extremos para evitar que seu marido abusivo a atacasse. Ela atirou para o alto. Não feriu ninguém. Mas no mesmo distrito judicial onde Trayvon Martin – vocês se lembram do nome dele – foi assassinado e onde George Zimmerman, seu assassino, foi absolvido, Marissa Alexander foi sentenciada a vinte anos de prisão por se defender de agressão sexual. Recentemente, ela enfrentou uma possível revisão da pena para sessenta anos e, por isso, envolveu-se em uma negociação para a redução da sentença, o que significa que ela usará uma tornozeleira eletrônica nos próximos anos.

As violências racista e sexual são práticas não apenas toleradas, mas explicitamente – ou, se não explicitamente, ao menos implicitamente – encorajadas. Quando essas formas de violência são reconhecidas – e com frequência elas são encobertas e tornadas invisíveis –, na maioria das vezes são os exemplos mais dramáticos da exclusão e da discriminação estruturais. Acho que seria importante prosseguir no desenvolvimento dessa análise, mas vou concluir dizendo que o maior desafio que temos diante de nós ao tentarmos criar solidariedade internacional e conexões que atravessem as fronteiras nacionais é a compreensão

---

*   No original, *intimate violence*. O termo, às vezes traduzido como "violência em relações íntimas de afeto", designa diversas agressões que ocorrem em relacionamentos afetivos longos, curtos ou mesmo já rompidos. Envolve formas de violência e agressão física, psicológica e emocional, como assédio, ameaças, humilhação, coerção e isolamento social da vítima. (N. T.)

daquilo que as feministas chamam, em geral, de "interseccionalidade". Não tanto a interseccionalidade das identidades, mas a interseccionalidade das lutas.

Não nos esqueçamos do impacto das manifestações na praça Tahrir e do movimento Occupy em todo o mundo. E, já que nos encontramos aqui em Istambul, não nos esqueçamos das pessoas que protestaram no parque Taksim Gezi. Com muita frequência, as pessoas afirmam que nesses movimentos mais recentes não havia lideranças, manifestos, agenda nem reivindicações, por isso eles fracassaram. Mas eu gostaria de destacar que Stuart Hall, que faleceu há pouco mais de um ano, nos encorajava a distinguir entre efeito e impacto. Há uma diferença entre eles. Muitas pessoas supõem que, como os acampamentos desapareceram e nada tangível foi produzido, não houve nenhum efeito. Mas, quando pensamos no impacto dessas ações criativas e inovadoras e desses momentos em que as pessoas aprenderam a estar juntas sem a estrutura do Estado, a resolver problemas sem ceder ao impulso de chamar a polícia, isso deveria servir como verdadeira inspiração para o trabalho que faremos no futuro para construir essas solidariedades transnacionais. Não queremos ser capazes de imaginar a expansão da liberdade e da justiça no mundo, como Hrant Dink nos incitou a fazer? Na Turquia, na Palestina, na África do Sul, na Alemanha, na Colômbia, no Brasil, nas Filipinas, nos Estados Unidos?

Se for esse o caso, teremos de fazer algo totalmente extraordinário, precisaremos ir às últimas consequências. Não podemos continuar a fazer o mesmo. Não há como se revolver em torno do centro. Não podemos agir com moderação. Teremos de ter disposição para nos erguer e dizer "não" unindo nossas almas, articulando nossas mentes coletivas e nossos corpos, que são muitos.

ÍNDICE

OUTRAS PUBLICAÇÕES DA BOITEMPO

DE AUTORIA DE ANGELA DAVIS

Uma autobiografia
ANGELA DAVIS
Tradução de **Heci Regina Candiani**
Prefácio de **Raquel Barreto**
Orelha de **Anielle Franco**
Quarta capa de **Zezé Motta**

Mulheres, cultura e política
ANGELA DAVIS
Tradução de **Heci Regina Candiani**
Orelha de **Vilma Reis**

Mulheres, raça e classe
ANGELA DAVIS
Tradução de **Heci Regina Candiani**
Prefácio de **Djamila Ribeiro**
Orelha de **Rosane Borges**

O sentido da liberdade
ANGELA DAVIS
Tradução de **Heci Regina Candiani**
Apresentação de **Robin D. G. Kelley**
Orelha de **Zélia Amador de Deus**
Quarta capa de **Jurema Werneck e Erika Hilton**

OUTROS TÍTULOS

Como a China escapou da terapia de choque
ISABELLA WEBER
Tradução de Diogo Fagundes
Revisão técnica e orelha de Elias Jabbour

Universal History Archive

Rosa Louise McCauley Parks (1913-2005), em 1955, presa por um Estado racista sob a alegação de desobediência civil.

Publicado em fevereiro de 2018, quando se completaram 105 anos do nascimento da norte-americana Rosa Parks, que em 1955 se recusou a ceder lugar para um homem branco em um ônibus em Montgomery, Alabama, o que levou a população negra da cidade a se mobilizar em um boicote que resultou, em 1956, na decisão da Suprema Corte de que a segregação nos ônibus era inconstitucional, este livro foi composto em Adobe Garamond Pro, 11,5/15,5, e reimpresso em papel Pólen Natural 80 g/m² pela gráfica Rettec, para a Boitempo, em agosto de 2023, com tiragem de 3 mil exemplares.